Sabine Drasnin

Kling-klang-klong-Slalom

Mini-Projekte Musik

Sabine Drasnin

Kling-klang-klong-Slalom

Mini-Projekte Musik

HERDER

FREIBURG · BASEL · WIEN

Die Autorin
Sabine Drasnin ist in der pädagogischen Praxis und Fortbildung tätig.

www.herder.de

Umschlaggestaltung und -konzeption:
R·M·E München/Roland Eschelbeck, Rosemarie Kreuzer
Illustrationen: Dunja Schnabel, Hamburg

Layoutentwurf und Produktion: HellaDesign, Emmendingen
Gesamtherstellung: fgb · freiburger grafische betriebe 2008
www.fgb.de

Gedruckt auf umweltfreundlichem, chlorfrei gebleichtem Papier
Printed in Germany

ISBN 978-3-451-32002-6

Inhalt

Vorwort

Musik und Kinder – diese Verbindung kann gar nicht früh genug gestärkt werden. Die kindliche Neugier erleichtert den Zugang zur Musik, ganz abgesehen davon, dass Kinder Musik noch unvoreingenommen gegenüber stehen. Musik kommt aus und von Kindern. Kinder integrieren Musik in ihr Spiel: Musizieren, Bewegen und Spielen gehören zusammen. Musik heißt hier Singen, Summen, Geräusche imitieren, Klappern, Schütteln, Klopfen, ... Dabei spielen Kinder gern in ihrem eigenen Rhythmus; ihr Gesang sucht sich von Strophe zu Strophe eines Liedes schon mal andere Melodien. Entsprechend sollten die Musikangebote aussehen, die den Kindern gemacht werden: Das aktive Musizieren, das Beschäftigen mit Rhythmus steht im Vordergrund; perfekte musikalische Darbietung ist hier nicht gefragt (weder von den Kindern noch von den Erzieherinnen!). Auch in der Musik lernen die Kinder beim Spielen.

Musik ist in Kindertagesstätten vielfältig in den Alltag eingebunden: Vom Begrüßungslied im Morgenkreis über die Musik als Bewegungsbegleitung beim Turnen bis hin zu Klanggeschichten und kleinen Klangspielen wird Musik gelebt. Musik ist dabei ebenso eine Ausdrucksform wie Bewegung, Sprache und Malen (Farbe). Die Verbindung all dieser Ausdrucksformen erweitert die Ausdrucks- und Wahrnehmungsmöglichkeiten der Kinder, und an diesem Punkt setzt dieses Buch an.

Das Miniprojektbuch ist in mehrere Kapitel eingeteilt. Jedes Thema beginnt mit der Aufschlüsselung seiner Ziele und Methoden, um Ihnen einen ersten Einblick in die unterschiedlichen Angebote zu verschaffen.
Weiterhin finden Sie zu Beginn der Angebote Empfehlungen zu Alter, Gruppengröße, Ort und benötigtem Material. Eine weitere Orientierungshilfe bieten Ihnen die Hinweise auf die zentralen Bildungsbereiche des Elementarbereichs. So stehen die einzelnen Bildungsbereiche für besondere Förderschwerpunkte, die in ihrer Gesamtheit dem Prinzip der ganzheitlichen Förderung folgen.

Sie finden hier Anregungen für Mini-Projekte, bei denen die Kinder spielerisch musizieren und mit Musik spielen können. Musik (v. a. Rhythmus), Sprache und Spiel werden verbunden, um Musik für Kinder bewusst erlebbar zu machen. Das Hörverständnis, das auch für die Sprachentwicklung wichtig ist, wird angeregt. Die Kinder erleben, dass sie selbst - allein oder in der Gruppe – zielgerichtet Musik machen können. Sie spüren, wie Musik sie berührt. Ihre Gefühle drücken sie wiederum durch Bewegung, Sprache oder Malen aus. Die emotionale und motorische, aber auch die soziale Entwicklung der Kinder wird so gefördert. Neben den regelgebundenen Angeboten findet auch die Improvisation ihren Platz – Kinder haben oft spontane (und für dieses Buch unvorhersehbare) Ideen, wie sie mit einem Objekt umgehen, was sie mit ihrer Stimme anstellen oder wie ein Spiel weiter gehen könnte. So werden Kreativität und Fantasie weiter angeregt. Dem sollte im Verlauf der Projekte ruhig nachgegeben werden.

Die Kinder werden bei den Angeboten in diesem Buch gefordert, aber nicht überfordert. Kinder zwischen 5 und 7 Jahren haben meist (noch) nicht die musikalischen Ziele "einen einheitlichen Rhythmus halten" oder "Melodieinstrumente spielen" erreicht. Die Mini-Projekte sind eine Hilfe auf dem Weg dorthin.

Was erwartet Sie und die Kinder nun? Bei einigen Mini-Projekten steht das Entdecken und Ausprobieren im Vordergrund, bei anderen das angeleitete oder das improvisierte Spielen. Zum Einsatz kommen dabei Orff-Instrumente, Luftballons, Flaschen, Farben und Papier und immer wieder Musik: Musik, die die Kinder selbst machen; Musik, die andere spielen; Musik, zu der die Kinder sich bewegen oder nach der sie malen. Für dieses Buch habe ich aus der Fülle der Musik einige Musikstücke ausgewählt; viele der Projekte lassen sich auch mit anderer Musik umsetzen.

Die Mini-Projekte können in beliebiger Reihenfolge umgesetzt werden, lediglich das erste Kapitel dient als Grundlage und sollte daher am Anfang stehen.

Mein Dank gilt den Kindergärten Düsseler Tor in Wülfrath (für vielfältige Praxistipps) und Wiechs in Schopfheim (diesem besonders für die Idee und die Umsetzung der Zauberflöten-Aufführung!), Jacqueline Forster und Ralf Ernst, Iris Höfling und natürlich Hannah und Marie.

Und nun: Vorhang auf für die Musik!

Sabine Drasnin

Schütteln, schlagen, pusten

Womit wir Musik machen

Musik hören ist gut, Musik selber machen ist besser! Die Kinder können in diesem Mini-Projekt das Orff-Instrumentarium kennen lernen, zu einer Klanggeschichte trommeln und die "Blasinstrumente" Mundharmonika und Grashalm ausprobieren.

Ziele

- Kennenlernen von Instrumenten
- Bewusstes Hinhören auf Musik
- Differenzierung des Hörvermögens
- Sensibilisierung der Wahrnehmung durch Fühlen und Begreifen
- Erfahrungen zur Entstehung verschiedener Klänge
- Umsetzung von Gehörtem in Bewegung
- Konzentriertes Zuhören
- Handhabung von Instrumenten
- Erfahren des Umgangs mit Naturmaterialien als Musikinstrument/ Klangerzeuger

Methoden

- Ausprobieren der Orff-Instrumente
- Klangspiele
- Klanggeschichte
- Ausprobieren von Instrumenten

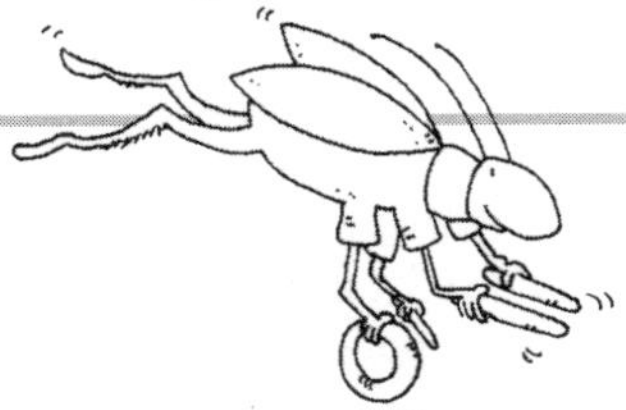

Herr Orff und seine Instrumente

- **Bildungsbereich:** Ästhetisch-kreative Bildung; Natur, Lebenswelt und Technik; Sprachliche Bildung
- **Alter:** ab 5
- **Anzahl:** 6 - 8
- **Ort:** drinnen
- **Material:** kleines Schlagwerk, große Holzperlen oder kleine Holzringe

Eine gute Möglichkeit, selber Musik zu machen, bieten Kindern die Orff-Instrumente. Sie haben den Vorteil, dass sie schon nach einer einfachen Bewegung des Kindes einen Ton erzeugen (Schütteln oder Schlagen des Instruments, Benutzen eines Klöppels oder Stockes). Die Kinder benötigen also erst einmal keine Spieltechnik, um schnell Erfolge (= „richtig" klingende Töne) zu erzielen.

Die Kinder suchen sich zunächst ein Schlaginstrument aus und beschäftigen sich ausführlich damit (mehr als zwei Kinder sollten nicht gleichzeitig spielen, damit das Ausprobieren nicht in einem lauten Klangteppich untergeht):

- Wie könnte das Instrument heißen? (Das können Sie anschließend verraten)
- Wie klingt das Instrument, wenn das Kind mit der Hand darauf schlägt, wenn es einen Schlägel benutzt - und wie mit all den anderen Schlägeln?
- Klingt es an der Seite anders als oben drauf, in der Mitte anders als am Rand?
- Kann das Instrument auch mit einem Holzring am Finger angeschlagen werden?
- Wie fühlt sich das Instrument an, wenn es mit geschlossenen Augen abgetastet wird?
- Wie hört es sich an, wenn schneller oder langsamer gespielt wird?
- Klingt das Instrument anders, wenn es beim Anschlagen bewegt wird?
- Was würde das Instrument von sich selbst sagen?
- An welche anderen Klänge (z.B. Tierlaute) erinnert das Spiel die Kinder?
- Wie klingt die Stille, wenn das Instrument eine Zeit lang ganz laut gespielt wurde?

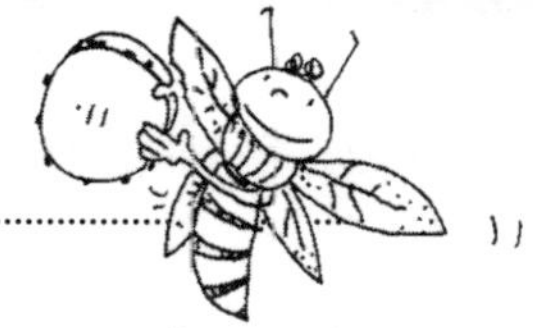

Nach einiger Zeit reichen die Kinder ihr Instrument an den rechten Nachbarn weiter. Nun wiederholen Sie die Namen der Instrumente, und die 2. Runde geht los. Wenn die Kinder danach noch Lust haben, können sie nochmals die Instrumente weiterreichen; Sie wiederholen wieder die Namen und los geht's. Alternativ können sich die Kinder auch mit den Rhythmusinstrumenten (Rasseln etc.) beschäftigen. Die Kinder können bei der Beschäftigung mit den Instrumenten schon erkennen, was Holzinstrumente, Instrumente mit Metall und fellbespannte Instrumente sind. Vielleicht sortieren sie die Instrumente sogar spontan nach ihrer Beschaffenheit oder der Bauweise?
Die Instrumente kommen immer wieder bei den verschiedenen Miniprojekten in diesem Buch zum Einsatz. Der Grundgedanke Orffs ("Musik selbst tun") trägt die Mini-Projekte.

Ein grün-rotes Trommel-Spiel

- **Bildungsbereich:** Wahrnehmung und Bewegung; Sprachliche Bildung
- **Alter:** ab 5
- **Anzahl:** 10 - 12
- **Ort:** drinnen
- **Material:** Trommeln, Tamburine, Schellenstäbe; grüne und rote Tücher

Die Hälfte der Kinder nimmt sich eine Trommel, die andere Hälfte ein Tamburin oder einen Schellenstab. Alle Instrumente werden jetzt nur mit den Händen gespielt. Die Kinder mit den Trommeln setzen sich an Ihre linke Seite, die Tamburin-/ Schellenstab-Kinder auf die andere Seite. Erzählen Sie den Kindern folgende Geschichte:
*„Die Floppsixel sind froschähnliche, aber zweibeinige kleine Wesen; grün und glänzend, mit einem netten Gesicht. Eine Gruppe dieser Floppsixel hüpft zu ihrem Teich, der im Korakora-Wald liegt. **
*Im Wald sind auch die Mätätä unterwegs. Das sind rot schimmernde Wesen, ungefähr so groß wie ihr, aber nicht so nett. Die Mätätä gehen schwatzend auf dem Waldweg entlang *.*
Jetzt treffen sich grüne Floppsixel und rote Mätätä. Die Floppsixel sagen: "Hallo, rote Wesen, euch haben wir hier ja noch nie gesehen, wer seid ihr denn?" Die Mätätä kreischen: "Wir sind die Mätätä! Und ihr in eurem komischen Grün, wer seid ihr?" „Wir sind die Floppsixel!" sagen die Grünen. **

*Da lachen die Mätätä – so was haben sie ja noch nie gesehen! **
*Die Floppsixel sind etwas beleidigt; sie sind nämlich stolz auf ihr Grün und wollen nicht ausgelacht werden. Also drehen sie sich um und hüpfen weiter zu ihrem Teich. Sie werden immer schneller, denn sie hören etwas hinter sich. **
*Siehe da: Die roten Mätätä laufen hinterher. Sie rufen: „He, wartet mal, war doch nicht so gemeint! Vielleicht können wir ja zusammen spielen? Wir sind neu hier und kennen noch niemanden!" **
*Doch die Floppsixel sind schon am Teich und hüpfen ins Wasser. Zuhause! Schön ist das im Wasser, da fühlen sich die grünen Floppsixel so richtig wohl. **
*Die Mätätä sind jetzt auch beim Teich angekommen und laufen so schnell, dass sie nicht mehr bremsen können, und schwups, liegen sie im Wasser. Uh, ist das kalt! **
Die Floppsixel bespritzen die Mätätä auch noch mit Wasser, und schon ist die schönste Wasserschlacht in Gange. Alle schwimmen bunt durcheinander, das sieht wunderbar aus. Nach einer Weile klettern die Floppsixel und die Mätätä wieder an Land und legen sich gemeinsam ins Gras - sie sind ganz müde."

Beim zweiten Vorlesen kommt nach jedem Sternchen* eine Pause, in der die angesprochenen Kinder aktiv werden: War gerade von den grünen Floppsixeln die Rede, schlagen die Trommelkinder auf die Trommeln. Ging es um die roten Mätätä, spielen die Tamburin-/ Schellenstab-Kinder. Bei der Wasserschlacht werden alle Instrumente gespielt.

Für den dritten Durchgang legt die Hälfte der Trommel- und Tamburinkinder ihre Instrumente weg. Die ehemaligen Trommelkinder nehmen sich grüne, die ehemaligen Tamburinkinder rote Tücher. Sie sind jetzt Floppsixel (grün) und Mätätä (rot). Die Kinder versuchen, die wieder mit Pausen erzählte Handlung nachzuspielen: das wird ganz schön wild! Am Schluss können sich ja alle zum Glück hinlegen.

Wenn sich alle erholt haben, werden die Instrumente und Farbbänder getauscht, und ein neuer Durchgang kann beginnen.

Mundharmonika und Grashalm

- **Bildungsbereich:** Wahrnehmung und Bewegung
- **Alter:** ab 5
- **Anzahl:** 8 - 10
- **Ort:** drinnen und draußen
- **Material:** Mundharmonikas, Grashalme

Hinweis: Aus hygienischen Gründen sollte jedes Kind seine eigene Mundharmonika haben. Für den Anfang reicht eine einfache Mundharmonika; es gibt sehr günstige Instrumente aus Plastik, die für die ganze Gruppe angeschafft werden können.

Anders als Geige oder Akkordeon lässt sich eine Mundharmonika einfach in die Hosentasche stecken und ist leicht zu erlernen.
Lassen Sie die Kinder probieren, welche Töne sie mit der Mundharmonika erzeugen können. Finden sie von selbst heraus, dass sie auch durch Luft-Einsaugen Töne erzeugen können? Bauen Sie das Mundharmonika-Spiel immer wieder in Ihre Arbeit ein; bald werden die Kinder in der Lage sein, eine Melodie auf der Mundharmonika zu spielen.

Auch den Grashalm „spielt" man mit dem Mund; der Ton dabei ist ein Fiepen, das höher und tiefer werden kann. Aber man muss den richtigen Punkt treffen; das ist gar nicht so einfach und eher etwas für die großen Kinder (ab 6 Jahre). Mit ein bisschen Übung (und dem richtigen Grashalm) klappt es aber! Zeigen Sie den Kindern das richtige Gras: harte, ziemlich breite und scharfkantige Grashalme. Vorsicht: Wer zu schnell an einem solchen Halm zieht, kann sich in die Finger schneiden! Der Halm wird zwischen beide Daumen und Daumenballen gespannt, dann wird kräftig durch den entstandenen Spalt gepustet. Je nachdem, ob die Daumen lokkerer oder fester um den Grashalm liegen, muss kräftiger oder weniger stark geblasen werden. Ein lauter, hoher Ton entsteht; wer die Luft nicht an der richtigen Stelle über den Grashalm pustet, erzeugt einen prustenden Laut. Das kann auch sehr lustig sein, da der Laut die Kinder an etwas anderes erinnern wird...

5

Singen, klatschen, stampfen

Musik mit unserem Körper

Wie praktisch, dass wir immer ein Musikinstrument dabei haben: Den eigenen Körper! In diesem Kapitel können die Kinder den eigenen Körper in verschiedenen Varianten als Musikinstrument ausprobieren und erspüren.

Ziele

- ❍ Sensibilisieren für die Stimme als Ausdrucksmittel
- ❍ Eigene Stimme als Instrument erleben
- ❍ Bewusstmachen des Atems
- ❍ Bewusstmachen der eigenen Gefühle beim Singen und Laute erzeugen
- ❍ Verbessertes rhythmisches Empfinden
- ❍ Verbesserung der Selbstwahrnehmung
- ❍ Erfahren des eigenen Körpers als Musikinstrument/Klangerzeuger
- ❍ Vermittlung von Freude an Bewegung zu Musik
- ❍ Lernen von Liedern
- ❍ Bewussteres Hören
- ❍ Koordination von Gesang und Bewegung

Methoden

- Nutzung der eigenen Stimme
- Hören von Musik-Beispielen
- Klanggeschichte
- Rhythmisches Sprechen
- Nutzung des Körpers als Instrument
- Klangspiele
- Bewegung zu Musik
- Gemeinsames Singen
- Fingerlied

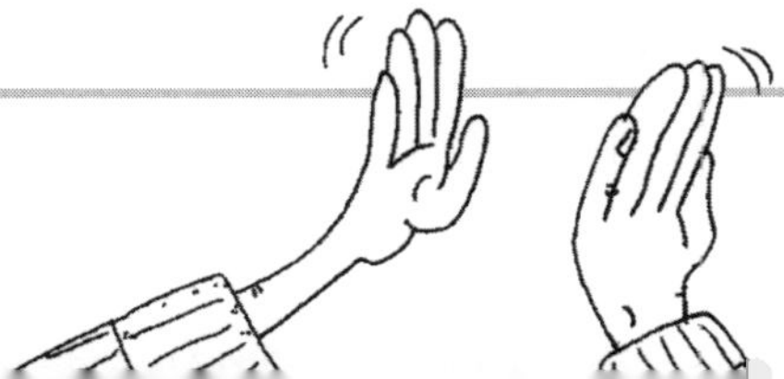

Wir singen, heulen, krächzen

- **Bildungsbereich:** Wahrnehmung und Bewegung; Ästhetisch-kreative Bildung
- **Alter:** ab 4
- **Anzahl:** 8 - 10
- **Ort:** drinnen und draußen
- **Material:** Mundharmonikas, Grashalme, Musik-CD (Mozarts "Zauberflöte", Arie der Königin der Nacht: "Der Hölle Rache"; Lee Marvin: "Wand'rin' Star"), CD-Spieler

Die Stimme ist unser ausdrucksvollstes Musikinstrument. Damit sprechen wir nicht nur Wörter aus, sondern geben ihnen je nach Sprechgeschwindigkeit, Lautstärke und anderen Betonungen einen anderen Sinn. Sprechen Sie den Kindern folgenden Beispiel-Satz vor. Betonen Sie dabei das „will": „Ich will heute dahin." Dann sprechen Sie den Satz drohend-langsam, schließlich mit einer heiteren Satzmelodie. Erkennen die Kinder die jeweilige Bedeutung? Immer die gleichen Worte, und doch unterschiedliche Bedeutung.

Spielen Sie den Kindern nun einige Beispiele für die Bandbreite menschlichen Gesangs vor. Sehr beeindruckend ist auch für Kinder die Arie der „Königin der Nacht" aus Mozarts Zauberflöte: In diesem Stück schraubt die Sängerin die Töne immer höher und noch höher. Wie hoch können die Kinder singen? Ein Beispiel für sehr tiefen Gesang ist das Lied "Wand'rin' Star" von Lee Marvin.

Bevor Töne gesungen werden können, müssen Sängerinnen und Sänger einatmen. Machen Sie den Kindern das Ein- und Ausatmen bewusst. Dann können sie versuchen, einen Ton zu singen, während sie einatmen - es wird kein schöner Ton sein. Nun singen die Kinder einige La-la-las: Das klingt viel besser! Und haben die Kinder gemerkt, dass sie dabei ausgeatmet haben? Die Sängerinnen und Sänger haben noch einen Trick, mit dem sie so lange und schöne Töne erzeugen können: Sie atmen „in den Bauch". So füllt sich die ganze Lunge mit Luft. Das können die Kinder direkt ausprobieren: Bitten Sie sie, sich locker hinzustellen, also die Füße etwas auseinander, Knie nicht ganz durchgestreckt, Arme locker an den Seiten. Dann sollen sie beim Einatmen auf ihren Bauch schauen: Bewegt er sich?

Wenn ja, nutzen sie die Bauchatmung, die für das Singen besonders hilfreich ist, und wenn nicht, wenden sie die Brustatmung an, mit der sie gut sprechen können. Meist nutzen Menschen unbewusst eine Mischung beider Atemformen.

Beginnen Sie beim Singen möglichst hoch, denn die jüngeren Kinder können nicht tief singen: Die Stimmlippen (Stimmbänder sind ein Teil davon) sind noch sehr kurz. Je länger die Stimmbänder und Stimmlippen, desto tiefer singt und spricht der Mensch.

Schildern Sie den Kindern nun folgende Situation: *Ihr seid in einem ganz, ganz alten Haus, das viele Räume und Gänge hat. Da könnt ihr als Gespenster nach Herzenslust spuken. Doch gerade heute hat sich eine Gruppe neugieriger Erwachsener in das Haus verirrt – die müssen sofort von euch mit Geheule vertrieben werden!* Heulen die Kinder unterschiedlich? Nutzen sie ihren ganzen Tonumfang?
Puh, das wäre geschafft, die Erwachsenen sind aus dem Haus gerannt. Die Gespenster sind ganz heiser und können nur noch krächzen. Bitten Sie die Kinder also, zu krächzen: Welche Geräusche kommen dabei heraus? Anschließend ist erst mal Trinkpause!

Wir klatschen, stampfen, klopfen

- **Bildungsbereich:** Wahrnehmung und Bewegung
- **Alter:** ab 5
- **Anzahl:** 8 - 10
- **Ort:** drinnen
- **Material:** Liedtexte; Trommeln

Klatschen: Weg von der Stimme, hin zum „restlichen" Körper: Die Hände sind ein ganz wunderbares Musikinstrument, mit ihnen können wir z.B. klopfen, schnipsen und klatschen. Lassen Sie die Kinder einfach drauflos klatschen: In die Hände, auf die Oberschenkel, auf den Bauch usw. In das Klatschen der Kinder sprechen Sie dann einen rhythmischen Text, etwa:

Ich klatsche in die Hände
und auch mal an die Wände.
Ich klatsch' mir auf den Bauch,
das spüre ich dann auch!
Ich klatsche auf mein Bein,
das geht ja wirklich fein!

Iris Höfling

Wiederholen Sie den Text mit den entsprechenden Klatsch-Bewegungen, bis alle Kinder mitklatschen und mitsprechen. Fällt den Kindern noch ein Reim ein? Am Ende gibt es Applaus - es wird geklatscht, wie bei einem echten Konzert!

Stampfen: Welches Kind hat nicht schon einmal aus Wut mit dem Fuß aufgestampft? Damit wollte es sein Gefühl deutlich zum Ausdruck bringen, sozusagen auf die Pauke hauen. Das Stampfen ist sehr gut mit dem Körper umzusetzen: Es kann eine Trommel ersetzen, und einst hat sich auch der Stepptanz aus dem Stampfen entwickelt. So kompliziert muss es aber gar nicht sein, wie die Kinder selbst probieren können: Erst stampfen alle gleichzeitig und einfach drauflos; auf der Stelle oder beim Herumgehen, wie sie wollen. Wie fanden sie dieses Stampfen? Haben sie auf die anderen Kinder geachtet oder nur auf das eigene Stampfen?

Jetzt stampfen die Kinder zusammen, z.B. zu einem gut bekannten Lied (möglichst im 3/4-Takt). Ein Kind geht in der Mitte der Kinder im Kreis, die anderen Kinder stampfen auf der Stelle: Einmal kräftig, zweimal leicht. Den Rhythmus gibt das Kind in der Mitte vor, die anderen versuchen ihn aufzunehmen. Nach jeder Strophe wird gewechselt, das Lied wird dabei solange gesungen, bis alle Kinder einmal den Rhythmus vorgegeben haben. Das Singen des Lieds erleichtert es den Kindern, den Takt annähernd zu halten. Es kommt auch hier auf den Spaß beim Musizieren an, nicht auf Perfektion.

Klopfen: Viele Kinder klopfen gern im Spiel auf die verschiedensten Spielgegenstände. Wir können auch zu Musik klopfen und mit dem Klopfen

Musik machen. Singen Sie den Kindern ein Regenlied vor, bei dem Sie im Rhythmus auf Holz oder gegen die Fensterscheibe klopfen:

1. *Es regnet, es regnet, die Erde wird nass!*
   Und wenn's genug geregnet hat,
   dann wächst auch wieder Gras!

2. *Es regnet, es regnet, es regnet seinen Lauf!*
   Und wenn's genug geregnet hat,
   dann hört's auch wieder auf!

3. *Es regnet, es regnet, was kümmert uns das!*
   Wir sitzen im Trockenen,
   und werden nicht nass!

Volksreim

Auch zu anderen Liedern passt das Klopfen: Die Kinder können dabei mit den Finger- und den Handknöcheln klopfen, je nach Untergrund (z.B. Tischplatte, Fensterscheibe, Tasse, Blechdose) klingt das Klopfen anders. Lassen Sie die Kinder auch auf die Trommeln klopfen: Schlagen oder klopfen sie lieber auf die Trommel?

Hand und Fuß: Das Lied von unserem Körper

- **Bildungsbereich:** Wahrnehmung und Bewegung
- **Alter:** ab 5
- **Anzahl:** 8 - 10
- **Ort:** drinnen
- **Material:** Liedtext

Auf die Melodie von „Alle Vögel sind schon da" singen Sie mit den Kindern das "Hand und Fuß-Lied"; dabei bewegen oder berühren die Kinder passend zum Text die jeweiligen Körperteile. Je öfter das Lied gesungen wird, desto besser klappt es!

Hand und Fuß und Haut und Haar
hab' ich hier am Körper.
Zehen, Finger, Bein und Bauch
und die beiden Arme auch.
Hand und Fuß und Haut und Haar
hab' ich hier am Körper.

Hier ganz oben sitzt der Kopf,
den ich dreh und beuge.
Singen, flüstern, leiser Ton,
rufen, laut sein – kann ich schon!
Hier ganz oben sitzt der Kopf,
den ich dreh und beuge.

Rennen kann ich, hüpfen, geh'n,
schleichen und auch trampeln.
Arme schwingen, rundum dreh'n,
Beine beugen und auch steh'n.
Rennen kann ich, hüpfen, geh'n,
schleichen und auch trampeln.

Autorin

Der dicke Mann und die Fichten

Ein Finger-Lieder-Spiel

- **Bildungsbereich:** Wahrnehmung und Bewegung
- **Alter:** ab 5
- **Anzahl:** 8 - 10
- **Ort:** drinnen
- **Material:** Liedtext

Vielleicht kennen einige Kinder noch die Fingerliederspiele wie „Das ist der Daumen...". Hier ist ein neues Fingerlied! (Erklären Sie vor dem Lied vielleicht kurz, dass Fichten Nadelbäume sind, die sehr hoch werden können.) Alle Finger sind gerade ausgestreckt. Melodie z.B. „Hänschen klein":

War einmal ein dicker Mann, war nicht groß, er sagte dann: „Hier ist meine schlanke Fichte, die ich heuten kürzen möchte!"	Daumen wackelt Daumen drückt sich kurz an Zeigefinger
„Oh", denkt da die Fichte, groß, beug ich mich, dann bin ich bloß noch halb so groß und dieser Mann sich was andres suchen kann!"	Zeigefinger wackelt Zeigefinger knickt ab abgeknickter Zeigefinger drückt kurz gegen Daumen
Sah der Mann den halben Baum, denkt sich dann: „Das glaub ich kaum!" Geht zu seiner nächsten Fichte, die er heute kürzen möchte!	Daumen wackelt Daumen zeigt Richtung Mittelfinger
Dies hör'n jetzt die and'ren Fichten, und sie sagen sich: "Mitnichten! Machen wir uns alle krumm, schaut der dicke Mann nur dumm!"	Mittel-, Ring- und kleiner Finger wackeln Mittel-, Ring- und kleiner Finger knicken ab
Und das tat der dicke Mann, denkt sich langsam: „Also dann lasse ich die Bäume steh'n", dreht sich um, man sieht ihn geh'n.	Daumen wackelt Daumen knickt ab
Wie glücklich sind die Bäume da! Singen laut „Hurra, hurra!"	alle Finger außer dem Daumen wackeln alle Finger außer dem Daumen strecken sich aus der geballten Faust
Wie glücklich sind die Bäume da! Singen laut „Hurra, hurra!"	alle Finger wackeln

Es ist gar nicht so leicht, alle Finger zu koordinieren. Können die Kinder die Finger einzeln beugen, ohne dass sich ein anderer Finger stark mit bewegt? Das ist vor allem beim Mittelfinger sehr schwierig!

Unser Luftballonorchester

Ballons zum Klingen bringen

Luftballons sind vielfältig verwendbar; hier werden sie zu Musikinstrumenten. Im ersten Teil des Mini-Projekts erzeugen gefüllte Ballons Klänge, im zweiten Teil werden die luftlosen Ballons beim Bau neuer Musikinstrumente genutzt. Erstaunliche Klänge können so erzeugt werden! Im dritten Teil geht es den Luftballons "klassisch" ans Gummi. Da der zweite Teil auf dem ersten aufbaut, sollten diese Angebote als ein Projekt (in getrennten Einheiten) wahrgenommen werden.

Ziele

- Sensibilisierung der Wahrnehmung durch Fühlen und Begreifen
- Wertschätzung von Musikinstrumenten steigern
- Differenzierung des Hörvermögens
- Erfahrung der Entstehung verschiedener Klänge

Methoden

- Einhaltung von Spielregeln beim gemeinsamen Musizieren
- Basteln und Ausprobieren von Instrumenten
- Klangexperimente
- Klangspiele

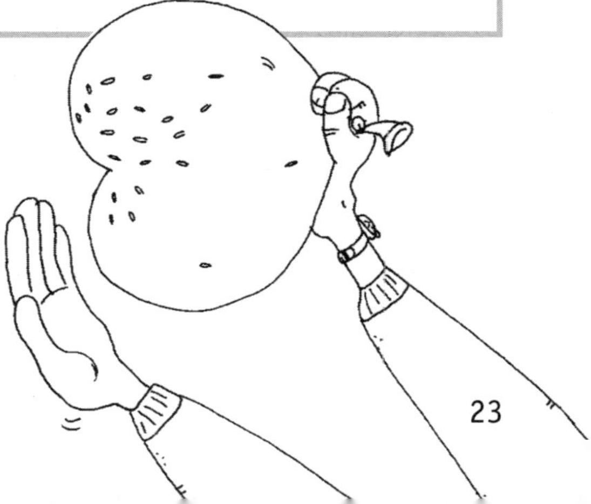

Hier können die Kinder mit Luftballons experimentieren: Welche Füll-Materialien verändern den Klang? Welche Geräusche kann ich damit erzeugen? Wie kann ich die Geräusche ändern? Was kann ich noch mit den Luftballons anfangen, wenn sie ihre Luft verloren haben?!

Ballons zum Klingen bringen

- **Bildungsbereich:** Natur, Lebenswelt und Technik; Wahrnehmung und Bewegung; Ästhetisch-kreative Bildung
- **Alter:** ab 5
- **Anzahl:** max. 10
- **Material:** *1. Teil (Ballons zum Klingen bringen):* stabile Luftballons, evt. Trichter mit großem Durchmesser (mind. 2 cm), kleine Glasmurmeln, Münzen mit geriffeltem Rand (10 Cent-Münzen), Deko-Steine aus Plastik, Holzperlen, Reis, Schellentamburin

In die noch nicht aufgeblasenen Luftballons füllen die Kinder mit Hilfe des Trichters oder durch vorsichtiges Stopfen die Klangmittel: In einen Ballon ein paar Murmeln, in einen anderen Holzperlen, in den nächsten eine Münze, dann wieder ein Ballon mit mehreren Münzen - es gibt viele Möglichkeiten. Das Aufblasen übernehmen Sie; auch das Zuknoten werden die kleinen Hände noch nicht allein schaffen.

Nun wird ausprobiert!

- Die Luftballons können am Zipfel oder mit beiden Händen auf dem Ballon selbst festgehalten werden. Wir können die Luftballons wie eine Rassel bewegen und sie mit dem Ende mal nach unten, mal nach oben in der Luft hin und her schwingen.
- Die Kinder können die Ballons auch gegen die Hand schlagen, gegen andere Luftballons, gegen das Schellentamburin, gegen das Bein... Die Luftballons mit Murmeln sollten dabei vorsichtig geschlagen werden, damit die Murmeln nicht gegen die Finger schlagen.
- Die Luftballons machen mit ihrer Füllung erstaunlich laute Geräusche! Die meisten Klänge erinnern an eine Trommel. Die Tonhöhe unterscheidet sich leicht je nach Füllung - hören die Kinder die Unterschiede? Nach was klingen die Luftballons in den Ohren der Kinder?

- Gelingt es den Kindern, dem Luftballon mit der 10-Cent-Münze ein sirrendes Geräusch zu entlocken? Wenn der Luftballon nur leicht geschwungen wird, kann die Münze im Luftballon ihre Runden drehen und dabei höher oder tiefer - je nach Geschwindigkeit - sirren.
- Wie verändert sich der Klang, wenn die Kinder die Luftballons beim Rasseln drehen oder anders festhalten? Nach einigem Probieren können die Kinder etwas rhythmischer spielen: Den Luftballon zwei mal schnell hintereinander gegen die Hand schlagen, dann einmal in der Luft drehen, zweimal schnell, einmal langsam....

Die Luftballons klingen nach; das lässt sich in ein Orchesterstück einbauen. Dazu teilen sich die Kinder in drei oder vier Gruppen ein. Die Gruppen können sich z.B. entsprechend der Luftballon-Füllung finden. Die erste und dritte Gruppe halten die Luftballons zwischen beiden Händen, die zweite und vierte halten sie am Zipfel fest. Eine Gruppe spielt nun nach der anderen, lässt die vorherige Gruppe aber "ausspielen": Die Luftballons klingen ganz aus, erst dann wird weiter gespielt. Nach einigen Runden fängt die zweite Gruppe schon zu spielen an, während die Luftballons der ersten noch ausklingen.
Um einen Spielrhythmus zu verfestigen können Sie mit den Kindern langsam einen oder zwei rhythmische Texte sprechen, die das Luftballon-Orchester begleitet. Der erste Text folgt der Betonung kurz-kurz-lang, der zweite ist ein "Viertakter":

Luftballon,
machst 'nen Ton,
Ton ist hoch (Ballons hoch in die Luft strecken),
aber doch
bin ich still (Ballons ganz wenig bewegen),
wenn ich will.
Ton wird laut (Ballons schneller bewegen),
jeder haut
den Ballon.
Bim bam bom! (alle schütteln die Ballons kräftig)

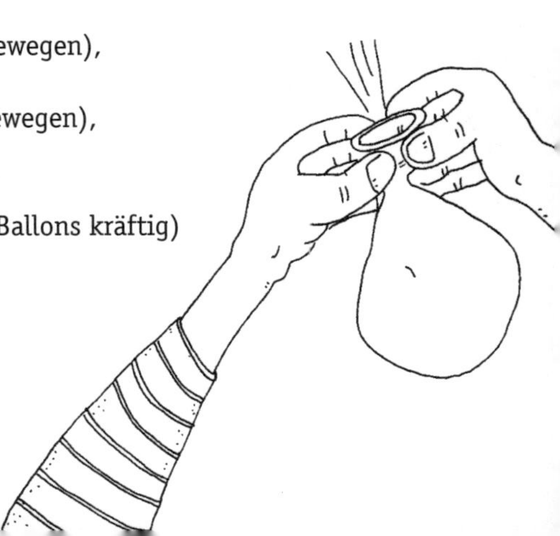

Rauf und runter,	(mit Ballons strecken und bücken)
immer bunter	
spielen alle	(sich drehen)
und es schalle	(stehen bleiben und die Luftballons drehen/ schütteln)
nicht zu leise	
unsre Weise –	
darum schneller!	(schneller werden)
Selbst im Keller	
hör'n uns heute	
alle Leute!	

Geschichten mit Luftballons
Der unterschiedliche Klang der Luftballons lädt zum Geschichten erfinden ein: Reis-Luftballons z.B. klingen nach Regen, Murmel-Ballons nach Donner und Sturm, der Ballon mit der sirrenden Münze könnte wie ein vorbeifahrendes Fahrrad klingen, und den Kindern fällt bestimmt noch mehr ein. Können Sie aus ihren Ideen eine Geschichte entwickeln und mit Luftballonbegleitung erzählen?

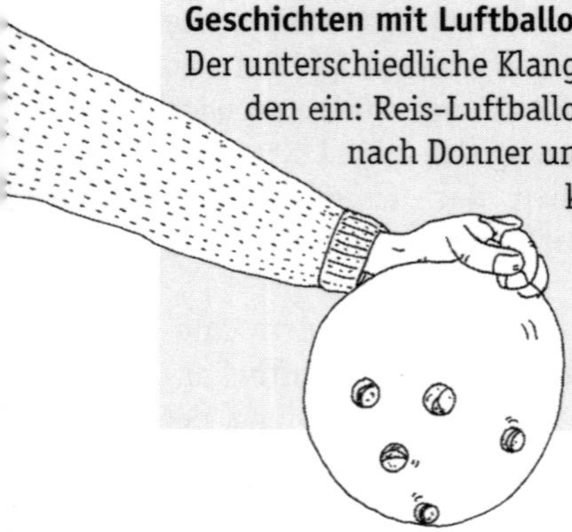

Recycling-Orchester

- **Bildungsbereich:** Natur, Lebenswelt und Technik; Wahrnehmung und Bewegung; Ästhetisch-kreative Bildung
- **Alter:** ab 5
- **Anzahl:** 8 - 10
- **Material:** *2. Teil (Ballons zum Bau neuer Instrumente)* Luftballons aus "Ballons zum Klingen bringen", Papprollen (z.B. leere Toilettenpapier- und Küchenpapierrollen), Klebeband, Holzstöckchen oder Stifte, dünne Kordel oder stabiles Garn, Korken

*** Aus alt mach neu!**

Nach einigen Tagen verlieren die Luftballons ihre Luft, die mit Murmeln gefüllten Ballons noch schneller. Jetzt kann das Orchester wiederverwertet werden: Die Murmel-Luftballons machen auch ohne Luft noch sehr interessante Geräusche; sie bleiben ganz. Bei den anderen Luftballons schneiden Sie die Enden ab und schütteln die Füllung heraus. Die so entstehenden Hüllen können nun über die Papprollen gezogen werden. Sie sollten möglichst stramm gespannt sein, dabei aber den Rand der Papprolle nicht zu sehr eindrücken. Je fester das "Fell" gespannt ist, desto höher ist der Ton. Das Ende des Luftballon-Restes wird mit dem Klebeband festgeklebt - fertig ist die Mini-Trommel! Jede Luftballon-Trommel klingt anders, je nachdem, wie fest das "Fell" gespannt wurde, wie dick der Ballon war, wie groß der Durchmesser der Rolle ist und wie lang die Rolle ist. Die Kinder können mit den Fingern, mit Holzstöckchen oder Stiften auf das "Fell" schlagen. Wenn mehrere Trommeln zusammengebunden werden, können die Kinder kleine Melodien trommeln. Eine Küchenpapierrollen-Trommel kann zum Festhalten dienen, kleinere Rollen werden an ihr festgebunden. So entsteht ein buntes Trommel-Set! Nicht zu fest trommeln, sonst klingt die Trommel nicht.

*** Korkenhüpfen**

Zur Abwechslung ein Spiel: In eine umgedrehte lange Trommel wird ein Korken gelegt, der dann wie auf einem Trampolin hüpfen darf. Wenn der Korken heraus fällt oder sich verkeilt, ist das nächste Kind dran, klopft den Korken durch Trommeln erst einmal frei und lässt ihn dann hüpfen. Wer kann ihn am längsten hüpfen lassen?

*** Rassel-Ballons**

Natürlich können die Kinder auch Rasseln basteln: Dazu eine Seite der Papprollen mit dem Luftballon-Fell beziehen, die Rolle mit einigen Murmeln, etwas Reis oder ein paar Steinchen füllen. Dann die zweite Öffnung mit einem Luftballon-Fell beziehen. Da diese Rasseln nicht so viel aushalten, darf nicht zuviel eingefüllt werden. Die Rasseln können auch als Trommel genutzt werden - wie benutzen die Kinder sie am liebsten?

*** Affen-Trommeln**

Eine weitere Möglichkeit ist die Affen-Trommel (Dreh-Trommel): Hier benötigen die Kinder beim Basteln mehr Hilfe von Ihnen. Malen Sie vier große Punkte auf die Mitte der Rolle: Jeder Punkt hat einen Viertelkreis Abstand zum nächsten Punkt. In zwei gegenüberliegende Punkte stechen Sie je ein Loch und stecken dann einen Stift oder ein Holzstöckchen als Griff hindurch. Dieser Griff wird mit Klebeband befestigt. Beziehen Sie die offenen Enden der Rolle mit dem Luftballon-Fell. Den festen Faden binden Sie um die Mitte der Rolle und um den Griff herum. Die Knoten machen Sie bei den beiden noch sichtbaren Punkten auf der Rolle. Verknoten Sie auf jeder der beiden Seiten ein langes Ende so, dass rechts und links an der dicksten Stelle der Rolle das Fadenende herabhängt. Daran befestigen Sie je eine Holzperle so, dass die Fäden mit Perle bis zur Mitte der Trommelflächen reichen. Fertig!

*** Unser neues Begleit-Orchester**
Lassen Sie die Kinder alle neuen Instrumente ausprobieren. Wenn alle zusammen und auf einmal spielen, klingt das zwar schon ganz gut, aber die einzelnen Instrumente und ihre Spieler können nicht richtig gewürdigt werden. Wie wäre es, wenn die Rasseln das Spielen anfangen, dann folgen die Affen-Trommeln, dann verschiedene Trommelsets...? Binden Sie die Instrumente in den Stuhlkreis ein: Jeden Tag darf sich ein anderes Kind ein Lied wünschen, und das Singen wird vom Recycling-Orchester begleitet. Variante: Das Kind darf sich auch wünschen, welche Instrumente zum Einsatz kommen.

Quietscherei und Knallerei

- **Bildungsbereich:** Natur, Lebenswelt und Technik; Wahrnehmung und Bewegung; Ästhetisch-kreative Bildung
- **Alter:** ab 5
- **Anzahl:** max. 10
- **Material:** *3. Teil:* Luftballons, Gummi-Handschuhe, Heuler

Die Kinder können natürlich auch ganz andere Geräusche mit den Luftballons machen und es dabei so richtig krachen lassen! Pusten Sie Luftballons mit einer Luftballonpumpe auf und knoten Sie sie nicht zu. Die Kinder nehmen die Luftballons vorsichtig in die Hand. Dann können sie sie fliegen lassen – Kommentare zu diesem Geräusch sind sicher lustig ... Die Kinder können auch Heuler in die Ballon-Öffnung stecken und die

Ballons damit in die Luft werfen. Sie können mit den Fingern die Öffnung in die Breite ziehen und es so quietschen lassen.
Eine andere Variante des Quietschens: Dünne Gummihandschuhe anziehen und damit die Luftballons knautschen und kneifen. Je praller der Ballon, desto quietschiger wird das Geräusch. Schließlich wird mancher Luftballon auch aufgeben und mit einem lauten Knall platzen – nicht erschrecken! (Haben Sie Kinder in der Gruppe, die Angst vor Knallerei haben, sollten diese Kinder vor diesem Teil "geschützt" werden).

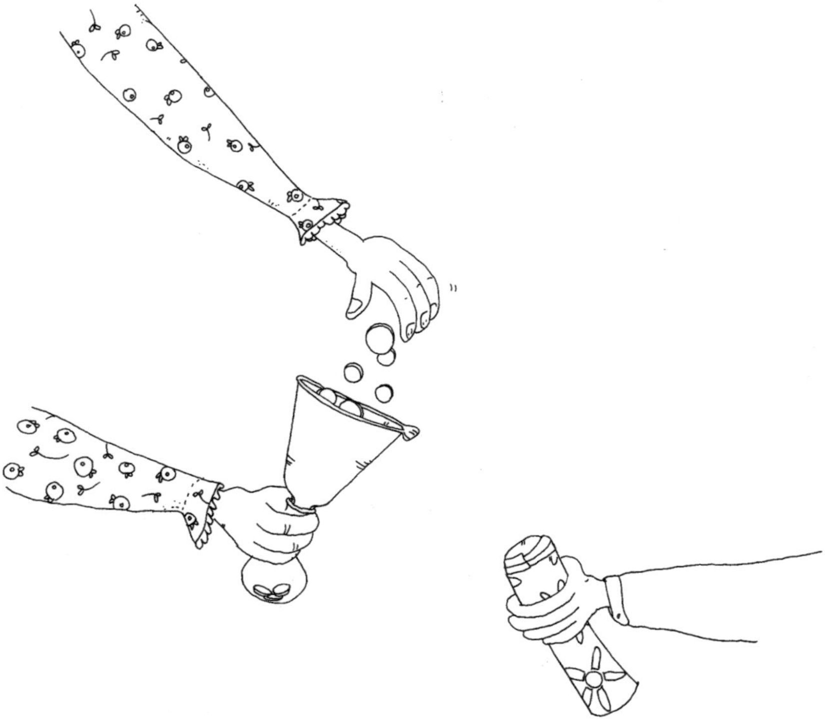

START

Kling-klang-klong-Slalom

Von Klangstation zu Klangstation

Der Kling-Klang-Klong-Slalom ist ein Musik-Wettbewerb der besonderen Art: Ein normaler Slalom wird auf Zeit in Kurven gelaufen und führt um Stangen herum, das ist ja nichts Neues. Doch wie wäre es mit einem Slalom, bei dem die Stangen Klang-Stationen sind? Wenn mehrere Kinder gleichzeitig laufen, ertönen die verschiedensten Klänge: Kling-Klang-Klong!
Auch dieses Kapitel sollte möglichst komplett durchgeführt werden.

Ziele

- ❍ Erfahrung der gemeinsamen Vorbereitung und Durchführung einer Veranstaltung
- ❍ Erfassen und Umsetzen der Abfolge von Aktionen im Spiel
- ❍ Einhaltung von Spielregeln
- ❍ Koordination von Laufen und Spielen

Methoden

- Basteln und Ausprobieren von Klangkörpern
- Gemeinsames Spielen
- Klangspiele

Von Klangstation zu Klangstation – Überblick

Der Kling-klang-Slalom besteht aus folgenden Stationen:

- Die Klapperschlange lässt ihr Klappern hören.
- Der Goldregen fällt mit hellem Glöckchenklang.
- Auf der Flaschenorgel erklingen alle Flaschen.
- Die gekrönten Rasseln werden geschüttelt.
- Mit den läppischen Glocken wird dreimal in die Hände geklatscht.
- Die Klangstationen im Raum (Heizkörper, Eimer ...) werden angeschlagen.

Und nach dem Slalom gibt es für alle Kinder eine Medaille!
Aber erst einmal müssen die Klangstationen gebastelt und aufgebaut werden.

Klapperschlangen und Goldregen: Klangstationen basteln

- **Bildungsbereich:** Ästhetisch-kreative Bildung; Wahrnehmung und Bewegung
- **Alter:** ab 5
- **Anzahl:** ca. 12
- **Ort:** drinnen

Haben die Kinder schon einmal bei einem Slalom teilgenommen? Der Slalom ist meist ein Sportrennen, bei dem die Sportler möglichst schnell zum Ziel kommen wollen. Nur dass dabei nicht eine gerade Strecke gelaufen wird, sondern es geht ja um Slalom-Stangen herum. Bei ihrem Kling-Klang-Klong-Slalom sind die "Stangen" Klangstationen und müssen gar keine Stangen-Form haben.

Die Kinder können mit Ihrer Hilfe einige Klangstationen selber basteln. Pro Klangstation können bis zu 4 Kinder ans Basteln gehen.

*** Klapperschlangen**
Material: alte silberfarbene CDs, Kordel, Korken, dicke Stricknadel, große Knöpfe, Holzstock/ langer Kochlöffel

Vorbereitung: Die Korken in Scheiben schneiden und mit der Stricknadel ein Loch in die Mitte der Scheiben stechen; die Kordel in 3 gleich lange Stücke schneiden (ca. 1 m). Je nach Menge der CDs können die Kinder 2-4 Klapperschlangen basteln.

Immer abwechselnd fädeln die Kinder Korken, CDs, Knöpfe, CDs usw. auf. Der erste Korken wird verknotet, die anderen Korken schieben die Kinder vorsichtig von einer der angrenzenden CDs weg, um etwas mehr Abstand zwischen den CDs zu erhalten. Klappert die Schlange, wenn sie geschüttelt wird? Die fertigen Klapperschlangen befestigen Sie an einem Holzstock oder einem langen Kochlöffel, an den Sie einen weiteren Faden binden.

*** Goldregen**

Material: Goldfolie von der Rolle, feste Pappe, Hefter, 32-40 Knöpfe aus Metall, Spezialkleber oder Klebepads; Faden, Besen

Die Kinder schneiden das Goldpapier in 4 Streifen mit 5 cm Breite und 1m Länge. Dann falten sie die Streifen einmal in der Mitte. Die feste Pappe wird mit Goldfolie beklebt. Jetzt werden die Streifen nebeneinander auf die Pappe geheftet; die Faltkante ist dabei auf der Pappe. Nun kommen die Knöpfe ins Spiel: Markieren Sie auf den unteren Goldstreifen 4 - 5 Punkte pro Streifen. Auf diese Punkte werden die Metallknöpfe mit dem Spezialkleber befestigt. Sollte das nicht halten, können auch Klebepads oder beidseitiges Klebeband verwendet werden. Sind die Knöpfe fest, wird der Goldregen umgedreht. Die Knöpfe sind nun auf der Innenseite der oberen Goldstreifen. Auf die jetzt unten liegenden Goldstreifen werden Punkte genau in der Höhe der Knöpfe gemalt und darauf die restlichen Knöpfe befestigt. So liegt Knopf auf Knopf, und von außen ist nichts zu sehen. Knoten Sie an den oberen Rand des Pappstreifens Fäden, mit denen Sie den Goldregen am Besenstiel befestigen. So kann der Goldregen hingestellt werden.
Wenn die Kinder den Goldregen leicht schütteln, klingen die Goldstreifen wie Glöckchen (je kleiner die Knöpfe, desto heller der Klang). Feiner Goldregen will nur leicht geschüttelt werden!

*** Flaschenorgel**

Material: 5-6 leere Glasflaschen, Kordel/feste Schnur, Trichter, Wasser, evt. farbige Tinte, verschiedene Schlägel, Holzstange, mobile Garderobe oder fest gespannte Schnur an der Wand, Kreppband in gelb, rot, grün, blau und schwarz, Schere

Die Kinder schneiden zunächst von den Kreppbändern einen schmalen Streifen je Farbe ab. Dann knoten Sie die Flaschen mit der Kordel an die Holzstange, die an beiden Enden fest aufliegt. Sie können als Gestell auch eine Garderobenstange auf Rollen nehmen oder eine Schnur, die fest an der Wand befestigt wurde (z.B. zwischen 2 Garderobenhaken). Die Flaschen sollten nicht aneinander schlagen können und möglichst frei schwingen. Jetzt füllen die Kinder mit dem Trichter Wasser in die Flaschen (bei Klarglasflaschen können die Kinder das Wasser mit Tinte färben): In die erste Flasche kommt ganz wenig, dann in jede weitere Flasche etwas mehr Wasser bis zur letzten Flasche, die fast voll gemacht wird. Wenn die Kinder die Flaschen mit einem Schlägel nun anschlagen, können sie hören, welche Flasche den höchsten und hellsten Ton von sich gibt? Um diese Flasche kommt das Kreppband in der hellsten Farbe. Je voller die Flasche, desto dunkler der Ton und desto dunkler auch die Kreppbandfarbe. Beim Slalom kann das Kind, das bei dieser Klangstation aufpasst, dem gerade laufenden Kind zurufen „Zuerst gelb!" oder „zuerst schwarz!", dann wird es noch etwas spannender.

*** Gekrönte Rasseln**

Material: Kronkorken, dicker Draht, Farbe (z.B. Plaka-Farbe), 2 Wein-Korken, buntes Gewebeband, Hammer und Nagel, Unterlage

Vorbereitung: Mit Hilfe des Hammers und des Nagels Löcher in die Kronkorken schlagen. Die Wein-Korken in je zwei Hälften schneiden und in alle Hälften ein Loch in die Mitte stechen. Draht in 2 je 50 cm lange Stücke schneiden.

Die Kinder malen die Kronkorken farbig an; auch Muster sehen bestimmt hübsch aus. Auf die eine Seite der Drähte kommt je ein halber Wein-Korken. Auf der einen Seite des Korkens bleibt ein kurzes, auf der anderen Seite ein langes Stück Draht. Nach dem Trocknen der Farbe fädeln die Kinder die Kronkorken auf den Draht; dabei wird immer abwechselnd ein Kronkorken mit der Vorderseite und einer mit der Rückseite in Richtung Wein-Korken aufgefädelt. So „schauen" sich je zwei Kronkorken an. Pro Draht können die Kinder ca. 20-30 Kronkorken auffädeln. Am Ende schieben sie den Draht durch die 2. Korkenhälfte. Durch Verdrehen der Drahtenden schließen Sie die Rasselrunde. Als Griff können die Kinder die Verschlussstelle zwischen den beiden Korkenhälften mit dem Gewebeband (und Ihrer Hilfe) bekleben.

*** Läppische Glocken**

Material: 2-4 alte, möglichst helle Waschlappen (Waschhandschuhe), kleine Glöckchen, Nadel und Faden, Textilfarbstifte

Aus Waschlappen, Farbe und Glöckchen werden ganz besondere Rhythmusinstrumente: Die Kinder überlegen sich zuerst, was sie auf die Waschlappen malen wollen – ein Gesicht? Eine Blume? Einen Menschen? Dann malen sie mit den Stiften auf je eine Seite der Waschlappen ihr Bild. Auf die andere Seite malen sie an die Stellen Punkte, an denen sie die Glöckchen platzieren wollen. Das Aufnähen der Glöckchen übernehmen Sie besser, denn die Hände müssen später noch in den Waschhandschuh passen! Fertig sind die „läppischen Glocken".

*** Klangstationen im Raum**

Neben den selbst gebastelten Klangstationen können die Kinder auch Ihre Räumlichkeiten einbeziehen: Eine Klangstation kann auch ein Heizkörper sein, der mit einem Schlägel angeschlagen wird, oder eine Kiste mit Holzbausteinen, die geschüttelt wird, oder ein Putzeimer, der ausnahmsweise umgedreht wird und auf den geschlagen werden darf ...

*** Medaillen**

Material: Pappe; Pricknadeln und Unterlage; Medaillen-Schablone (z.B. Schälchen, Bierdeckel); Motiv-Vorlagen für das Pricken in der Medaillengröße: Tiere, Pokal, Kinder ...; Kleber; Stifte; Schnur

Der Slalom muss nicht auf Zeit durchlaufen werden. Wichtiger ist, dass die Kinder alle Stationen zum Klingen bringen. Mit etwas Unterstützung schaffen das alle! Am Ende erhält daher jedes Kind eine Medaille. Dafür machen sich die Kinder individuelle Medaillen: Aus den Vorlagen wählen sich die Kinder eine aus und kleben sie auf ein Stück Pappe. Dann malen sie anhand der Schablone einen Kreis um das Motiv und schneiden den Kreis aus. Schließlich pricken sie das Motiv. Wer will, kann die Medaille auch noch anmalen. Am oberen Ende wird noch ein Loch in die Medaille geprickt, durch das die Schnur gezogen wird. Wer seinen Namen schon schreiben kann, schreibt ihn auf die Rückseite der Medaille, bei den anderen Kindern beschriften Sie die Medaillen. Die Medaillen gibt es aber erst nach dem Slalom!

Erst zum Silber, dann zum Gold: Aufbau

- **Bildungsbereich:** Ästhetisch-kreative Bildung; Wahrnehmung und Bewegung
- **Alter:** ab 5
- **Anzahl:** alle
- **Ort:** drinnen
- **Material:** alle Klangstationen; Triangel, Conga oder große Trommel

Die Kinder schauen sich die Klangstationen an und überlegen, wo welche Station hin soll. Welcher Weg und Platz steht ihnen zur Verfügung? Wie lässt sich ein (kurviger) Slalom aufbauen? Können sie so die "Klangstationen im Raum" einbeziehen? Der Start könnte auch das Ziel sein, so dass alle Stationen zweimal angelaufen werden. Die einzelnen Klangstationen können z.B. an Stuhllehnen befestigt werden. Die Rasseln liegen auf einem Stuhl. Alle Stühle stehen mitten im Weg - bei diesem Slalom wird erst die Station zum Klingen gebracht, dann wird um die Slalomstange herumgelaufen. Weiter geht's zur nächsten Klangstation!

Kling-Klang-Klong führt zum Ziel

- **Bildungsbereich:** Ästhetisch-kreative Bildung; Wahrnehmung und Bewegung
- **Alter:** ab 4
- **Anzahl:** alle
- **Ort:** drinnen
- **Material:** aufgebaute Klangstationen

So, jetzt geht es los! Am Start (gleichzeitig auch das Ziel) kommt die Triangel (Kling!) als Startsignal zum Einsatz; sie wird von einem Kind angeschlagen, das gerade nicht läuft. Wenn das laufende Kind ins Ziel kommt, muss es drei Mal auf die Conga oder die große Trommel (Klong!) schlagen, dann darf das nächste Kind los.
Die Hälfte der Kinder stellt sich am Start auf; die andere Hälfte geht zu den Klangstationen und passt auf, dass die Stationen nicht umfallen und dass sie auch alle zum Klingen gebracht werden (Klang!). Ist die erste Hälfte der Kinder durch, lösen diese Kinder die anderen Kinder an den

Klangstationen ab. Und auf geht's zur zweiten Runde! Hier noch einmal die Stationen im Überblick:

- Die Klapperschlange lässt ihr Klappern hören.
- Der Goldregen fällt mit hellem Glöckchenklang.
- Auf der Flaschenorgel werden alle Flaschen mindestens einmal angeschlagen.
- Die gekrönten Rasseln werden dreimal hoch in der Luft geschüttelt.
- Die Waschlappen mit den läppischen Glocken werden angezogen und damit dreimal in die Hände geklatscht.
- Die Klangstationen im Raum (Heizkörper, Eimer...) werden mit dem bereitgelegten Schlägel an verschiedenen Stellen angeschlagen.

Wenn alle Kinder den Slalom durchlaufen haben, gibt es die Teilnehmer-Ehrung. Dafür wird jedes Kind einzeln aufgerufen und erhält seine eigene Medaille. Herzlichen Glückwunsch!

Wie ein schöner Klang entsteht

Oder wie ein Orchester funktioniert

Orchestermusik nur zu hören ist schon ein Erlebnis, das uns emotional berühren kann. Doch auch Hören will gelernt sein! Das bewusste Hören wird in diesem Kapitel begleitet vom Ausprobieren verschiedener Instrumente, die auf unterschiedliche Art und Weise gespielt werden und die Grundlage des Musizierens im Orchester bilden. Noten als schriftliche Grundlage der Musik lernen die Kinder hier nicht, aber sie probieren Wege aus, Klänge und Melodien aufzumalen. So schaffen sie ihre eigenen Noten und musizieren zusammen danach. Den Kindern wird so deutlich, welche Bedeutung Noten für Musiker haben. Ein Orchesterbesuch rundet das Projekt ab. Die Abschnitte in diesem Kapitel bauen aufeinander auf.

Ziele

- ❍ Differenzierung des Hörvermögens
- ❍ Verbesserte Feinmotorik
- ❍ Sensibilisierung der Wahrnehmung durch Fühlen und Begreifen
- ❍ Erfinden eigener Klangzeichen und Umsetzung dieser Zeichen
- ❍ Einhaltung von Spielregeln beim gemeinsamen Musizieren

Methoden

- Ausprobieren verschiedener Instrumente
- Klangspiele
- Einsatz der Orffschen Instrumente
- Hören von Musik
- Musik verschriftlichen
- Klangimprovisationen
- Gemeinsam nach Regeln musizieren

Geräte für Musik: Die Instrumente

- **Bildungsbereich:** Ästhetisch-kreative Bildung; Natur, Lebenswelt und Technik; Sprachliche Bildung
- **Alter:** ab 5
- **Anzahl:** 8 - 10
- **Ort:** drinnen
- **Material:** CD mit einem Orchesterwerk; Buch und CD mit Beispielen von Instrumenten (Vorschläge s. Literaturverzeichnis); Musikinstrumente: verschiedene Flöten (möglichst eigene der Kinder bzw. ihrer Eltern sonst Plastik-Blockflöten!); Gitarre; Geige oder Bratsche (wenn im Erzieherinnen- und Elternkreis vorhanden); Glockenspiel, Triangel, Klanghölzer, Trommel, Tamburin

Hinweis: Dieses Angebot lässt sich gut in mehrere Einheiten teilen: Zunächst nur Flöte und Glockenspiel, beim nächsten Mal Triangel und die weiteren Schlaginstrumente, in der dritten Einheit die Gitarre und weitere Saiteninstrumente usw. Am Anfang jeder Einheit wird kurz das Wesentliche der letzten Einheit wiederholt.

Vorbereitung: Decken auf dem Boden ausbreiten, darauf verschiedene Instrumente auslegen. CD mit Orchesterwerk einlegen; CD mit Klang-Beispielen der Instrumente vorbereiten. Die Kinder bringen ihre Flöten mit und behalten sie bei sich. Aus hygienischen Gründen sollte jedes Kind seine eigene Flöte benutzen (im Handel gibt es Plastikflöten, die nicht viel kosten und dazu gut zu reinigen sind); Bilder der nicht „live" vorhandenen Instrumente vorbereiten (meist sind sie im Begleitbuch zur Beispiel-CD enthalten). Die Kinder setzen sich auf die Decke um die Instrumente herum.

Erste Einheit: Die Kinder hören ein Stück Orchestermusik (ca. 2 Minuten). Wie hat es ihnen gefallen? Können sie sich vorstellen, dass da ganz viele verschiedene Instrumente gespielt haben? Und was sind Instrumente überhaupt? – Das Wort "Instrument" bedeutet Gerät. Musikinstrumente sind also Geräte, mit denen wir Klang erzeugen können. Aus Klängen wird Musik, wenn in einer festgelegten Ordnung gespielt wird (Rhythmus, Tempo, Melodie oder Tonhöhe, Lautstärke).
Welche Instrumente kennen die Kinder? Wissen sie die Namen der Instru-

mente, die vor ihnen liegen? Spielen Sie ein paar Töne auf Ihrer Flöte und auf dem Glockenspiel vor. Hm, so ohne Orchester, das klingt ganz anders! *Flöte und Glockenspiel:* Was unterscheidet die beiden Instrumente? Form, Material, Farbe – und Spielweise! Wie muss die Flöte gespielt werden, damit ein Ton herauskommt? Fallen den Kindern noch weitere Instrumente ein, in die man auch blasen muss? Jetzt hören die Kinder das Klangbeispiel einer Trompete.
Wie kommen beim Glockenspiel Töne heraus? - Genau, man schlägt auf die Klangplättchen. Deshalb gehört es auch zu den Schlaginstrumenten. Die Kinder spielen mit den Möglichkeiten des Glockenspiels: Klingt es auch, wenn sie die Finger nach dem Anschlagen auf die Klangplättchen legen? Kann man das Glockenspiel leise und laut spielen?

In der zweiten Einheit können die Kinder wieder mit dem Glockenspiel beginnen. Fahren Sie dann fort: Welche der ausgelegten Instrumente schlägt man noch an außer dem Glockenspiel? Da gibt es z.B. Tamburin, Klanghölzer, Triangel, Xylophon und Trommel. Die Kinder probieren die vor ihnen liegenden Schlaginstrumente aus. Werden Triangel und Glockenspiel gleich angeschlagen? Und die Trommel? Spüren die Kinder den Klang der Instrumente? Welche Klänge sind ihnen angenehm, und welche Vorstellungen verbinden sie mit den Klängen? Die Trommel gibt es auch im Orchester; Triangel und Glockenspiel werden dort öfter gespielt. Spielen Sie den Kindern noch ein oder zwei kurze Klangbeispiele vor.

Dritte Einheit: Eine dritte große Instrumentengruppe sind die Saiteninstrumente. Dazu gehören so unterschiedliche Instrumente wie die Geige, die Gitarre oder die Harfe. Die Saiten bei diesen Instrumenten sind Schnüre aus Metall, Tierdarm oder Kunststoff. An der Gitarre können die Kinder sich die Saiten genauer anschauen: Es gibt dickere und dünnere Saiten. Klingen sie unterschiedlich?
Mit der Gitarre können die Kinder mehrere Töne auf einmal erzeugen, wenn sie mehrere Saiten gleichzeitig anschlagen. Wie viele Töne kann man beim Glockenspiel gleichzeitig hervor bringen? Und bei der Flöte?
Die Geige hat auch Saiten, aber diese klingen doch ganz anders als bei der Gitarre. Die Kinder hören wieder Klangbeispiele und sehen Bilder der Geige. Zum Spielen wird ein Bogen benutzt. Die Saiten der Geige können auch gezupft werden, das kommt aber nicht so häufig vor. Der Kontrabass hat eine ähnliche Form wie die Geige, ist aber viel, viel größer - 1,70 m!

(Anhand Ihrer Größe können Sie zeigen, wie groß 1,70 m ist). Auch die Saiten sind beim Kontrabass viel dicker. Zeigen Sie ein Bild des Kontrabasses und spielen Sie ein kurzes Musikstück von der CD vor. An was erinnert dieser Klang die Kinder?

Vierte Einheit: Nach der kurzen Wiederholung der Gitarre und Geige kommen Sie zum Klavier. Wenn es ein Klavier in Ihrer Einrichtung gibt, lassen Sie die Kinder dieses Instrument näher anschauen und es behutsam ausprobieren; ansonsten zeigen Sie Bilder und spielen ein Musikstück vor. Wie wird das Klavier gespielt? Richtig: Die Tasten werden gedrückt. Damit ist es ein Tasteninstrument. Wenn ein Klavier bei Ihnen vorhanden ist, können die Kinder am Körper des Klaviers den Klängen nachspüren, die die anderen Kinder auf den Tasten erzeugen. Ein Blick in das Innere des Klaviers zeigt, dass das Klavier auch ein Saiteninstrument ist.

Reden alle Stimmen durcheinander?

- **Bildungsbereich:** Ästhetisch-kreative Bildung; Natur, Lebenswelt und Technik
- **Alter:** ab 5
- **Anzahl:** 8 - 10
- **Ort:** drinnen
- **Material:** Buch und CD mit Beispielen von Instrumenten und Orchestermusik; jeweils 2-3 Exemplare von 4 Orff-Instrumenten mit gleichem Klang

Zeigen Sie den Kindern ein Bild von einem großen Orchester, während Sie leise Orchestermusik laufen lassen. So ein Orchester kann aus 29 verschiedenen Instrumenten bestehen! Erkennen die Kinder einige Instrumente auf dem Bild?
Sie sehen die vielen Musiker, die Geige, Bratsche, Cello oder Kontrabass spielen. Diese Instrumente werden in der Regel am häufigsten verwendet und die Musiker, die sie spielen, werden Streicher genannt. Auch die Blasinstrumente sind mehrfach vorhanden, z.B. die Flöten und Trompeten.
Schlaginstrumente dagegen tauchen oft nur einmal auf, z.B. Glockenspiel, Triangel, Gong, Becken ... Welche Instrumentengruppen kennen die Kinder jetzt?

Schalten Sie die CD aus und fragen Sie die Kinder: Spielen alle Musiker genau die gleichen Töne? Nein! Jede Instrumentengruppe wird weiter aufgeteilt, und zwar in einzelne Stimmen. So spielt die eine Gruppe mit Geigen z.B. tada-tada-tada, die zweite Gruppe Geigen spielt tadi-tadi-tadi, der Kontrabass spielt tadam-dam. Die Stimmen im Orchester spielen also unterschiedliche Töne, aber die passen zueinander. Das können die Kinder auch ausprobieren: Jedes Kind nimmt sich ein Instrument und spielt einfach drauf los – laut oder leise, schnell oder langsam, wie es will. Wie war das? Nun spielen immer die zwei bzw. drei Kinder, die die gleichen Instrumente haben, zusammen. Sie spielen die gleiche Stimme. Die anderen Kinder sind solange still; die Kinder spielen also nach Stimmen getrennt. Um nun alle Stimmen zusammen zu bringen, klatschen Sie rhythmisch in die Hände und die Kinder versuchen, alle in diesem Rhythmus zu spielen. Wenn das nicht so ganz klappt – macht nichts, aber die Kinder merken, dass das Zusammenspiel der einzelnen Stimmen angenehmer klingt als das wilde Durcheinander. So ist es auch beim Orchester! Spielen Sie zum Schluss noch einmal ein kurzes Orchesterstück vor.

Wie ein schöner Klang entsteht

- **Bildungsbereich:** Ästhetisch-kreative Bildung; Sprachliche Bildung; Sozial-emotionale Bildung
- **Alter:** ab 5
- **Anzahl:** 8 - 10
- **Ort:** drinnen; Ort einer Orchesterprobe
- **Material:** Buch und CD mit Beispielen von Orchestermusik; Bilder von Orchestern und farbiges Schema der Sitzordnung der Musiker (meist im Beispiel-Buch enthalten); Stimmgabel; Gitarre

Die Kinder hören noch einmal zwei kurze Orchesterstücke. Wie haben sie ihnen gefallen? Fanden sie den Klang angenehm? Damit das so ist, werden die einzelnen Instrumente im Orchester aufeinander (ab-)gestimmt. Dafür sind bei den Geigen und Gitarren die Wirbel da: Sie sitzen am dünnen Ende der Geige oder Gitarre (am Hals) und erinnern an Holzschlüssel. Dreht man daran, ändert sich der Grundton der Saite. Das können die Kinder bei der Gitarre ausprobieren: Wenn ein Kind an einer Saite zupft und ein anderes an dem passenden Wirbel dreht, hören die Kinder, dass sich der

Ton ändert. Die Musiker können auf diese Weise ihr Instrument alle auf den gleichen Grundton stimmen. Doch woher wissen die Musiker immer, was genau dieser Ton ist? Schlagen Sie die Stimmgabel an: Das A ist zu hören. Die Kinder können die Stimmgabel selbst anschlagen und das Griffende neben das Ohr halten. So oft sie es wiederholen, es ist immer der gleiche Ton. Was passiert mit dem Ton der Stimmgabel, wenn z.B. ein Glas darüber gehalten wird? Klingt es lauter, wenn das Griffende der angeschlagenen Stimmgabel auf ein Trommelfell gesetzt wird? Was fällt den Kindern außerdem zum Experimentieren mit der Stimmgabel ein?
Ausgehend von diesem Ton werden die Instrumente im Orchester gestimmt. Alle Instrumente in einer Stimme fangen dann mit dem gleichen Ton an, und das Ganze klingt wieder angenehm.
Es gibt noch etwas anderes, das zum guten Orchesterklang beiträgt: Die Sitzordnung. Wenn die Kinder sich jetzt die Bilder eines Orchesters und das Sitzschema des Orchesters anschauen, können sie viele Geigenspieler nebeneinander sitzen sehen, bei größeren Orchestern sogar in mehreren Reihen hintereinander. Hinter den Streichern sitzen die Bläser mit den Flöten, dann kommen die Trompeten und Posaunen. Ganz hinten sitzen die Musiker mit den Schlaginstrumenten. Und all diese verschiedenen Instrumente spielen (meist) gleichzeitig!
Orchesterbesuch: Viele Orchester bieten Kindertageseinrichtungen die Möglichkeit, eine Orchesterprobe zu besuchen. Die Kinder können sich dann die Instrumente aus der Nähe anschauen und erleben live, wie der Orchesterklang entsteht. Es muss auch nicht unbedingt ein Sinfonieorchester sein: Vielleicht gibt es am Ort ein Orchester aus Hobbymusikern oder einen Musikverein, denen man beim Proben zuschauen und -hören darf.

Nach Sonnen-Noten dirigieren

- **Bildungsbereich:** Ästhetisch-kreative Bildung; Sozial-emotionale Bildung; Wahrnehmung und Bewegung
- **Alter:** ab 5
- **Anzahl:** 4 - 6
- **Ort:** drinnen
- **Material:** Bilder von Orchestern; Papier, Filzstifte, verschiedene Instrumente (z.B. Triangel, Zimbel, Rassel, Trommel, verschiedene Klangbausteine); Taktstock (oder ähnlichen Stock)

Die Kinder schauen sich noch einmal Bilder von einem Orchester an. Besprechen Sie mit ihnen die Rolle des Dirigenten: *Was hat es mit dem Menschen auf sich, der auf einem kleinen Podest steht und dem Publikum den Rücken zudreht? Ist der eigentlich unhöflich oder warum macht er das?* Machen Sie den Kindern klar, dass dies schon einen Sinn hat: So kann er alle Musiker anschauen. Er ist der einzige, der kein Instrument spielt und auch nicht singt! Was tut er also? Er dirigiert, das heißt: Er achtet darauf, dass alle Musiker an der richtigen Stelle mit dem Spielen anfangen oder aufhören. Woher weiß er denn, wann die Geigen oder das Glockenspiel an der Reihe sind? Das erkennt er an den Noten, die vor ihm liegen: Noten sind die aufgeschriebene Musik.

Musik aufschreiben können die Kinder auch! Zunächst suchen sich die Kinder je ein Instrument aus. Dann spielt ein Kind sein Instrument und alle Kinder überlegen zusammen, nach was das klingt - klingt eine Zimbel nach Sonne, eine Trommel nach Donner? Wenn sich die Kinder auf einen Begriff geeinigt haben, malen sie das Symbol dafür auf das erste Blatt. Auf diese Art wählen sie ein Symbol für jeden Klang und haben schließlich vier bis sechs Blätter mit gemalten Symbolen. Jetzt legen sie die Blätter hintereinander auf den Boden und spielen die Klänge in der ausgelegten Reihenfolge. Die Blätter werden dann in anderer Reihenfolge neu ausgelegt, und wieder spielen die Kinder die entsprechenden Töne.

Im nächsten Schritt malen die Kinder die Symbole dichter hintereinander, so dass auf einem Blatt 5 oder 6 Symbole zu sehen sind. Dabei kann ein Symbol auch mehrmals hintereinander oder immer wieder vorkommen. Die Kinder spielen dann ihr Lied - klingt es schon gut? Wollen sie noch etwas ändern oder ergänzen? Sie spielen ihr Lied dann noch einige Male, bis sie sicher sind. Jetzt haben sie auch ein Lied aufgeschrieben! Das ist genau das, was ein Komponist macht: Musik aufschreiben, so dass Musiker es spielen können.

Beim nächsten Lied können die Kinder probieren, an einigen Stellen ein zweites Symbol unter oder über ein anderes Symbol zu malen. An diesen Stellen spielen dann zwei Kinder gleichzeitig ihr Instrument. Auch kurze oder lange Töne können in dieser Partitur untergebracht werden: Für kurze Töne wird ein kleines, für lange Töne ein großes Symbol gemalt.

Die kleinen Musiker können sich jetzt einen Dirigenten dazu holen: Ein weiteres Kind nimmt den Taktstock und stellt sich den Musikern gegenüber auf die andere Seite der "Notenblätter". Es zeigt nacheinander auf die Symbole, die dann von den Musikern gespielt und in Klang umgesetzt werden.

Die Flöte zaubert bei uns!

Wilde Tiere und bezaubernden Damen

Mozarts "Zauberflöte" ist eine Oper und ein Singspiel, das auch Kinder anzieht. Und wenn es auf Kinder zugeschnitten wird, können Kinder es auch selbst aufführen. In diesem etwas größeren Projekt lernen die Kinder eine vereinfachte Version der Geschichte und die wesentlichen Lieder aus der Oper kennen, erarbeiten sich die Rollen und ihre Darstellung, stellen ein kleines Bühnenorchester auf die Beine, wirken bei den Kostümen und dem Bühnenbild mit und führen die Oper schließlich in ihrer Variante auf.

Ziele

- Erfassen der Inhalte und Stimmungen von Musik
- Differenzierung des Hörvermögens
- Wiedererkennen von Gehörtem
- Sammeln von Erfahrungen in einem größeren Rollenspiel
- Lernen und Spielen einer Rolle

Methoden

- Hören von Musik und der Geschichte
- Klangspiel
- Rollenspiel
- Pantomime und Gestik
- Basteln, Malen
- Gemeinsames Proben und Aufführen

- **Bildungsbereich:** Wahrnehmung und Bewegung; Ästhetisch-kreative Bildung; Sozial-emotionale Bildung
- **Alter:** ab 5
- **Anzahl Bühne:** ca. 25 ältere + 7 jüngere Kinder (diese kommen nur bei der Generalprobe und der Aufführung hinzu)
- **Anzahl Orchester:** ca. 10
- **Material:** CD/ Cassette mit der Mozart-Oper "Die Zauberflöte" oder mit Ausschnitten daraus (Highlights), Bilderbuch zur Zauberflöte; Feen-, Hexen-, Prinzen- und Königskostüme, Tierkostüme; Stoffreste, Decken, buntes Krepp-Papier, rote, orange und gelbe Tücher, Tücher in verschiedenen Blautönen, großes Betttuch, Farbe, evt. Gold-/ Silberfolie

Wolfgang Amadeus **Mozart** (geb. 27. 01.1756 in Salzburg; gest. 5. Dezember 1791 in Wien) begann mit 4 Jahren Klavier und Geige zu spielen. Er schrieb schon früh eigene Musikstücke. Mozart war wegen seiner Musik so viel auf Reisen, dass er nicht zur Schule gehen konnte! Schreiben und Lesen hat er trotzdem gelernt. Die "Zauberflöte" ist eines seiner letzten Werke, er schrieb es mit 35 Jahren. Kurz nach der ersten Aufführung der "Zauberflöte" starb Mozart.

Beinah so wie Mozart die Geschichte erzählte

Für die Kinder ist es eine schöne und herausfordernde Erfahrung, die "Zauberflöte" selbst aufzuführen! Mozart erzählt in der Geschichte von Papageno und Papagena, von Tamino und Pamina und begleitet sie mit Musik. Spielen Sie daher beim Erzählen die im Text genannten Lieder vor. Wenn Sie dazu auch Bilder der Hauptpersonen zeigen, können die Kinder der Geschichte noch besser folgen. Hier eine auf Kinder zugeschnittene Version der Geschichte, die Sie nach dem ersten Vorlesen und Hören abschnittweise mit den Kindern durchgehen können:

In einem fernen Land lebt ein junger Prinz mit Namen Tamino. Er geht gern jagen, und so jagt er auch an diesem besonderen Tag. Wie er so durch den Wald geht, wird er von einer Schlange verfolgt und fällt vor Schreck in Ohnmacht.

(Lied: "Zu Hilfe! Zu Hilfe!")

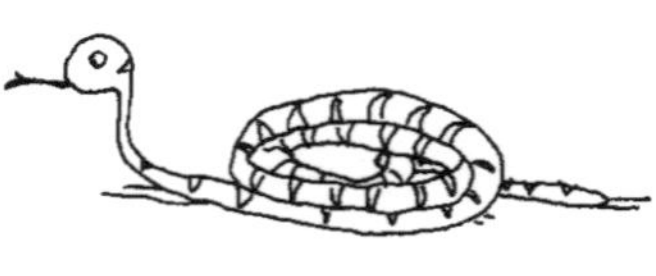

Bevor die Schlange ihm aber etwas tun kann, erscheinen drei geheimnisvolle Damen und erlegen die Schlange. Dann verschwinden sie wieder. Tamino bekommt davon nichts mit.
In dem fernen Land gibt es auch einen Vogelfänger, der heißt Papageno. Er wandert durch die Wälder und fängt für die Königin der Nacht Vögel. Und um die Vögel nicht zu vertreiben, hat er viele schöne bunte Federn an seiner Kleidung.

(Lied: "Der Vogelfänger bin ich ja")

Auf seinem Weg zum Schloss der Königin der Nacht trifft Papageno nun Tamino, der wieder wach ist und die tote Schlange sieht. Tamino denkt natürlich, dass Papageno die Schlange erlegt hat. Papageno sieht sich die Schlange erst vorsichtig an, ob sie auch wirklich tot ist, und behauptet dann: "Ja, ich habe die Schlange getötet!" Das hätte er besser nicht gesagt! Denn sofort erscheinen die drei Damen wieder und schimpfen mit Papageno: "Du sollst nicht lügen!" Und sie hängen ihm ein Schloss vor den Mund. Tamino erklären sie, dass sie die Schlange getötet haben. Bevor sie die Königin der Nacht ankündigen, geben sie Tamino ein Bild von Pamina. Sie ist die Tochter der Königin der Nacht. Ob sie Tamino gefällt? Tamino schaut sich das Bild genau an. Er verliebt sich sofort in Pamina.

(Lied "Dies Bildnis ist bezaubernd schön")

Die Damen gehen wieder. Es donnert und wird mitten am Tag dunkel: Die Königin der Nacht erscheint vor Tamino. Sie bittet ihn, ihre Tochter Pamina zu befreien. Sarastro, der König des Tagreichs, hält Pamina gefangen. Wenn Tamino zu Sarastro geht und Pamina dort befreit, darf er sie auch heiraten. Die Königin der Nacht verschwindet unter Donnerknallen, und es wird wieder hell.

Papageno hat immer noch das Schloss am Mund und ist damit natürlich nicht glücklich! Die drei Damen erscheinen und nehmen ihm das Schloss ab – nachdem er versprochen hat, nicht mehr zu lügen. Außerdem soll er mit Tamino zu Sarastro gehen. Papageno hat Angst vor Sarastro, deshalb bekommt er als Schutz ein silbernes Glockenspiel (Stabglockenspiel oder Schellenstab), Tamino eine Flöte. Beide Instrumente haben Zauberkraft! So gehen Tamino und Papageno los. Sie erreichen den Palast Sarastros und trennen sich: Tamino will es direkt am großen Tor probieren, Papageno versucht, einen anderen Eingang und dann Pamina zu finden.

Tamino klopft an das Tor; ihm wird "Zurück!" geantwortet. "Warum?", fragt er, und die Stimme sagt ihm, dass er den Tempel nicht betreten darf, solange er nicht einige Prüfungen abgelegt hat. Die Stimme verrät ihm aber, dass es Pamina gut geht. Tamino ist beruhigt und spielt auf seiner Zauberflöte. Und seht: Die verschiedensten Tiere kommen sofort zu ihm und tanzen zu seiner Musik. Zusammen mit Tamino gehen sie weiter.

Papageno hat tatsächlich einen Weg in den Palast gefunden und sieht Pamina. Er prüft anhand des Bildes, das Tamino ihm gegen hat, ob sie wirklich Pamina ist: "Die Augen schwarz – richtig, schwarz. Die Lippen rot - richtig, rot. Blonde Haare – blonde Haare. Alles trifft zu, aber nach dem Bild solltest du keine Hände und Füße haben!" Da nimmt ihm Pamina das Bild aus der Hand und versichert ihm, dass sie es ist. Papageno erklärt ihr, woher er das Bild hat und dass Tamino sie liebt. Zusammen gehen sie los, um Tamino zu suchen. Aber der Minister des Königs Sarastro hält sie auf und will sie fesseln. Doch Papageno spielt auf seinem Zauber-Glockenspiel, da muss der Minister tanzen und kann Pamina und Papageno nicht fesseln.

Bevor die beiden aber fliehen können, erscheint König Sarastro mit Tamino. Pamina wirft sich vor Sarastros Füße und erklärt ihm, warum sie fliehen wollte: Ihre Mutter mache sich große Sorgen; außerdem war der Minister böse zu ihr. Sarastro vergibt ihr, lässt sie aber nicht frei. Er erklärt ihr, dass ihre Mutter, die Königin der Nacht, ihm einen Schatz stehlen will, den er einst von Paminas Vater bekommen hat. Wenn die Königin der

Nacht diesen Schatz hätte, wäre es ewig Nacht! Und dieser Diebstahl wie auch die ewige Nacht können verhindert werden, wenn Tamino zwei Prüfungen besteht. Erst nach den Prüfungen können Pamina und Tamino heiraten. Papageno soll diese Prüfungen auch ablegen, will aber nicht. Sarastro verspricht ihm eine Papagena, dann ist auch Papageno einverstanden. Und so geht Sarastro mit Pamina weg; Tamino und Papageno gehen zum Prüfungsplatz.

Dort sitzen sie herum und warten. Während Papageno laut erklärt, dass ihm langweilig ist, dass er Hunger und Durst hat, spielt Tamino auf seiner Flöte. Da erscheinen die drei Damen mit Süßigkeiten und leckeren Getränken; sie laufen um die beiden herum und wollen sie zum Zugreifen verführen. Tamino hindert Papageno daran, nach dem Essen und Trinken zu greifen, und die drei Damen gehen wieder. Die erste Prüfung hat Tamino bestanden, Papageno aber nicht.

Papageno ist immer noch durstig! Da kommt eine alte Frau: Sie geht gebückt und hat eine Decke über Körper und Haar, so dass man kaum ihr Gesicht sieht. Papageno ist froh über die Abwechslung und plaudert mit ihr. Sie gibt ihm einen Becher, Papageno trinkt und beschwert sich, dass das nur Wasser ist. Trotzdem lädt er die Alte ein, sich zu ihm zu setzen, Er fragt sie, wie alt sie ist. Sie antwortet: "18 Jahre und 2 Minuten, mein Engel". Auch auf seine Frage, ob sie einen Freund habe, antwortet sie und nennt schließlich den Namen: Papageno! Papageno erschreckt sich, denn mit einer alten Frau ist er nicht befreundet! Doch bevor sie ihm sagen kann, wie sie heißt, ertönt lauter Donner, und die Alte läuft davon.

In der Zwischenzeit überlegt sich die Königin der Nacht zusammen mit dem Minister, wie sie Sarastros Schatz stehlen können. Sie schmieden einen Plan, und der Minister schleicht sich mit der Königin der Nacht in den Palast.

(Lied "Der Hölle Rache" - die Arie der Königin der Nacht!)

Tamino wird von den Dienern zu einer Prüfung abgeholt, und Papageno fragt sich, was er denn nun will.

(Lied: „Ein Mädchen oder Weibchen wünscht Papageno sich")

Er lässt sein Zauber-Glockenspiel erklingen.

Schon erscheint die Alte wieder und sagt:" Da bin ich schon, mein Engel!" Sie verspricht ihm, immer bei ihm zu bleiben und lieb zu ihm zu sein. Papageno muss ihr nur seine Hand geben und sie heiraten, doch er zögert. So ein Schritt will gut überlegt sein! Doch die Alte droht ihm mit lebenslang Wasser und Brot und verspricht ihm ein Leben ohne Freundin, wenn er sie nicht nimmt. Da sagt er "lieber eine Alte als gar keine" und verspricht, ihr immer treu zu bleiben – solang er keine Schönere sieht ... Kaum hat er der Alten die Hand gegeben, zieht sie die Decke herunter, und siehe da: Eine junge, hübsche Frau in den gleichen Kleidern wie er steht vor ihm! Er erkennt Papagena und will sie umarmen. Doch Sarastro erscheint und zieht Papagena weg. Er sagt, dass Papageno noch nicht gut genug für sie ist. Er hat ja die Prüfung nicht bestanden! Papageno ist traurig.

Sarastro geht wieder zu Tamino und erklärt ihm die 2. Prüfung: Er muss erst an loderndem Feuer und dann an einem gefährlichem Wasserfall vorbei gehen. Pamina darf ihn begleiten; und um sie beide zu schützen, spielt Tamino auf der Zauberflöte. So gelangen sie sicher durch Feuer und Wasser zum Ziel. Pamina und Tamino sind sehr glücklich, denn sie dürfen jetzt zusammenbleiben. Da wird es plötzlich dunkel – die Königin der Nacht und der Minister erscheinen wieder und wollen gemeinsam Sarastro überfallen. Aber Sarastro ist nicht ohne Grund König das Lichtreichs; er hat große Macht und nutzt sie nun, um die beiden aufzuhalten. Der Wasserfall spült die beiden einfach weg! Das Licht kehrt zurück. Nun ist auch Sarastro glücklich, denn sein Schatz ist gerettet und es wird auch weiter den hellen Tag geben.

Papageno merkt, dass alle glücklich sind, nur er nicht, denn er kann Papagena nicht finden – was soll er tun? ("Das Glockenspiel!", rufen die Kinder, die gerade nicht auf der Bühne sind.) Und so spielt er auf seinem Glockenspiel, und Papagena erscheint wieder. Beide beschließen, zusammen zu bleiben und viele Kinder zu bekommen. (Lied "Eine kleine Papagena...", dazu erscheinen 7 kleine Kinder auf der Bühne. Alle gehen zusammen ab.)

ENDE

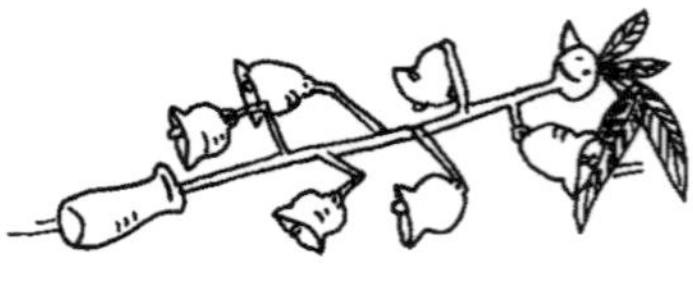

Am liebsten hab ich...

In der "Zauberflöte" spielen recht viele Figuren mit! In unserer Version der Geschichte sind dies:

- Erzähler/in (Erwachsene)
- Tonmeister/in (Erwachsene) und Lichtmeister/in
- Sarastro, König im Lichtreich
- Tamino, Prinz
- Schlange (1 - 2 Kinder)
- Papageno, Vogelfänger
- 3 Damen
- Königin der Nacht
- Pamina, ihre Tochter
- Minister, Bösewicht, zunächst in Sarastros Dienst
- Sprecher des Tempels (Erwachsener)
- Papagena
- 4 wilde Tiere
- 4 Feuerkinder
- 4 Wasserkinder
- 7 jüngere Kinder (kleine Papagenas und Papagenos)

Zunächst wird die Geschichte genauer erklärt und ihre Hintergründe beleuchtet. Dann werden die Hauptpersonen erarbeitet: Was halten die Kinder von den einzelnen Figuren? Wie fanden sie das denn, dass Tamino die Prinzessin Pamina retten wollte? Ist er ein Held? Wie könnte man Tamino dann darstellen? So können alle Rollen durchgegangen werden und die Kinder entscheiden sich für eine Rolle. Nicht jeder kann Tamino, nicht jede Pamina sein, aber das Feuer und die Tiere sind für die Geschichte ebenfalls wichtig!

Und wie können die Rollen nun gespielt werden? Gemeinsam wird die Geschichte umgesetzt. Die Musik dazu kann teilweise von CD kommen, teilweise von den Kindern gespielt werden (siehe "Unser Bühnenorchester"). Zunächst proben die Schauspieler aber ohne Orchester. Die Musik von der CD wird bei den Proben wie auch bei der Aufführung nur kurz angespielt (ca. 20-30 Sekunden). So gerät die Handlung nicht ins Stocken und die Kinder stehen wirklich im Vordergrund.
Kurze Dialoge können die Kinder (mit Mikrofon) eventuell selbst sprechen; die Handlung und kompliziertere Dialoge sollten von der Erzählerin

wiedergegeben werden. Die Kinder, die gerade nicht auf der Bühne stehen, warten auch bei den Proben am Rand der Bühnenfläche (wenn nicht ohnehin in Gruppen geprobt wird). Die Handlung kann zügig gespielt werden. Wegen der Vielzahl der Teilnehmer und der einmaligen Auftritte vieler Akteure sollte zudem die Gesamtzeit des Stücks 30 Minuten nicht übersteigen, um nicht zuviel Unruhe in den Reihen der wartenden Kinder aufkommen zu lassen.

Besonders wirkungsvoll können die Kinder die Geschichte spielen, wenn sie ausdrucksstarke Gesten benutzen und so richtig schauspielern. Wenn die Handlung und alle Dialoge von dem/der Erwachsenen wieder gegeben werden, können sich die Kinder ganz auf die zu gehenden Wege und die Gesten konzentrieren.
Welche Originalmusik lässt sich außer den Liedern noch nutzen, um das Spiel auf der Bühne zu ergänzen? Z.B. kann die Ouvertüre erklingen, während Tamino die Bühne betritt und nach Wild schaut. Wenn dann die Schlange folgt, könnte das passende Lied kurz angespielt werden ("Zu Hilfe...").

Der Vogelfänger kommt immer mit Musik
Das Hinhören auf Musik wird geschult: Der Zusammenhang zwischen Musik, Liedtexten und handelnden Personen wird verdeutlicht. Die Kinder können schließlich an der Musik die handelnden Personen erkennen.

Gehen Sie mit den Kindern die Geschichte wiederholt durch und spielen Sie dabei die in der Langfassung genannten Lieder kurz vor. Erkennen die Kinder die Melodien und die mit ihnen verbundenen Personen, nachdem sie sie mehrmals gehört haben? Besonders die Arie der Königin der Nacht ("Der Hölle Rache") kommt bei Kindern gut an; viele Kinder werden die hohen Stellen sogar nachsingen.
Mozart setzt in seiner Oper auf die musikalische Wiedererkennung. Welche Musik kündigt den Vogelfänger an?

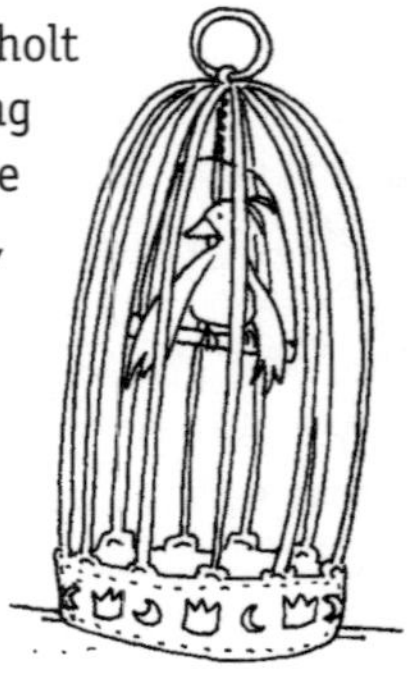

Sie können schließlich ein kleines musikalisches Quiz durchführen: Ein Lied wird angespielt und die Kinder raten, welche Person es singt.

Unser Bühnenorchester
Mozart war ein musikalisches Wunderkind, die allermeisten Kinder sind es nicht. Daher werden die Kinder besser mit dem technisch einfach zu handhabenden Orff-Instrumentarium spielen. Geige, Querflöte und Cello können vom Band kommen. Spielt eine Erzieherin oder ein Elternteil Flöte, kann das Kinder-Orchester um ein Live-Flötenspiel wunderbar ergänzt werden.

Die Orchester-Kinder suchen sich aus dem Kleinen Schlagwerk je ein Instrument aus. Auch die selbst gebastelten Instrumente (s. "Unser Luftballonorchester") können hier zum Einsatz kommen. Außerdem ist es schön, ein Glockenspiel im "Orchester" zu haben.

Die Kinder erproben – zunächst ohne Schauspieler –, welche Person mit welchen Klängen musikalisch dargestellt werden kann. Der Auftritt der Königin der Nacht z.B. ist immer von Donner begleitet, der durch gefüllte Luftballons oder durch das gleichzeitige Spielen aller Instrumente erzeugt werden kann. Wenn die drei Damen auftreten, könnten mehrere hell klingende Instrumente rhythmisch angeschlagen werden, z.B. Triangel und Glockenspiel (mit dem Schlägel über alle Klangplatten fahren).

Die Kinder finden mit Ihnen zusammen sicher viele Stellen, an denen das Bühnenorchester die Handlung gut ergänzen und unterstützen kann. Das Zusammenspiel wird zuerst nur zu der Erzählung geübt, damit die Kinder wissen, an welchen Stellen der Geschichte sie musizieren. Bei den Proben und der Aufführung sollte eine erwachsene Person den Kindern als Dirigent Anfang und Ende ihrer Einsätze anzeigen. Im zweiten Schritt wird mit den Schauspielerinnen und Schauspielern geübt. Schließlich wird die Originalmusik mit einbezogen. Spielen Sie die einzelnen Lieder und Zwischenmusiken wie gesagt nur kurz an (ca. 20-30 Sekunden; typische Stellen auswählen). Für die Aufführung benötigen Sie eine Person, die die Stücke von der CD an der richtigen Stelle in der richtigen Länge – besser Kürze – anspielt.

Wilde Tiere und bezaubernde Damen
Die "Zauberflöte" lädt zum Verkleiden ein – das macht den Kindern besonders viel Spaß! Die Kinder können sich an den Bildern orientieren, die sie in den Büchern finden, oder sich selbst etwas ausdenken. So können die Federn an Papagenos Kostüm aus Krepppapier, Stoffresten, Pappe oder echten Federn sein. Die Königin der Nacht kann z.B. ein dunkelblaues oder dunkelgrünes Kleid tragen, die drei Damen weiße Prinzessinnenkleider usw.. Das Feuer wird von 4 Kindern dargestellt, die in rot gekleidet sind und die Flammen mit roten, orangen und gelben Kreppstreifen und Tüchern dargestellt. Entsprechend tragen die Wasser-Kinder blaue Kleidung mit blauen Tüchern und mit Wellen aus Kreppstreifen, die verschiedene Blautöne haben. Die 7 kleinen Kinder sollten ähnliche Kleidung tragen wie Papageno und Papagena (z.B. ähnliche Mützen aus buntem Krepppapier). Die Schlange kann aus 1 - 2 Kindern bestehen, die in einer Stoffrolle aus Decken stecken. Und die wilden Tiere können die verschiedensten Gestalten haben: Tiger, Löwen, Elefanten, Bären...

Bühnenbild für die richtige Wirkung
Die Kulisse kann aus einem oder zwei großen bemalten Bettlaken hergestellt werden, je nach Größe der "Bühne". Im Vordergrund könnte ein Wald aufgemalt werden, weiter hinten ein Palast im orientalischen Stil, darüber ein Himmel mit ganz vielen Sternen. Wenn sich jemand findet, der sehr gut malen kann, könnte auch eine Vorlage wie das Originalbühnenbild von Karl Friedrich Schinkel ("Eingang zum Palast der Königin") umgesetzt werden.

Variante: Die Kinder bemalen ein Laken z.B. mit dunklem Blau und schneiden aus Silber- oder Goldfolie Sterne aus, die dann auf das Laken geklebt werden. Vielleicht haben die Kinder auch ganz andere Ideen für ein Bühnenbild!

Das Bühnenbild wird angestrahlt (von vorn oder hinten), und immer wenn die Königin der Nacht auftritt, wird dieses Licht ausgeschaltet.
Nicht zuletzt sind die Einladungen für die Eltern zu gestalten und zu verteilen.

Auftritt!

Vor der Aufführung müssen natürlich alle Kinder verkleidet und geschminkt werden – da ist die Hilfe einiger Eltern gefragt. Musik und Erzählung sowie die Dialoge der Kinder sollten im ganzen Aufführungsraum zu hören, die Technik vorher geprüft sein. Die Einführung vor dem Stück sollte sehr kurz sein, damit die Kinder in ihren Kostümen und mit den Instrumenten nicht lange warten müssen.
Dann ertönt die erste Musik, und es geht los – toi, toi, toi!

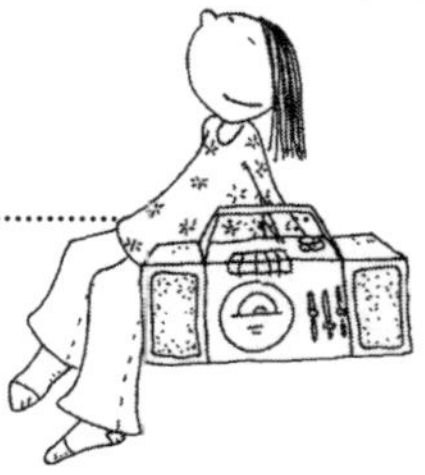

Gute Laune mit allerhand Musik

Eine Reise vom Barock zum Rock

Musik ist nicht nur Klassik, nicht nur Pop, sind nicht nur Kinderlieder ... Aus der schier unendlichen Fülle von Musik wird in diesem Mini-Projekt eine kleine Auswahl getroffen, die den Kindern deutlich macht, wie verschieden Musik sein kann. Die Kinder können dabei erfahren, dass unterschiedliche Musik auch zu unterschiedlichen Bewegungen reizt. Auch die Gefühle, die Musik auslöst, sind ein wichtiges Thema. Die gute Laune kommt bei alldem natürlich nicht zu kurz, so können die Kinder zur eigenen Musik toben.

Ziele

- Bewusstes Hinhören auf Musik
- Differenzierung des Hörvermögens
- Umsetzung von Gehörtem in Bewegung
- Entwicklung des ästhetischen Empfindungsvermögens
- Erfahren der Begegnung von Musik und Bildender Kunst
- Verbesserte rhythmische Prägung
- Lernen von Liedern
- Koordination von Gesang und Bewegung
- Koordination von Gesang und Instrumenten-Spiel

Methoden

- Hören einer Geschichte mit Musik
- Bewegung zu Musik
- Gespräche über Gefühle
- Malen nach Musik
- Rhythmisches Sprechen und Spielen
- Bewegung zum Sprechrhythmus
- Freies Tanzen, Hören von Musik
- Pantomime

Von Bach zu den Brecker Brothers

- **Bildungsbereich:** Ästhetisch-kreative Bildung; Wahrnehmung und Bewegung; Sprachliche Bildung
- **Alter:** ab 4
- **Anzahl:** alle
- **Ort:** Turnraum und Gruppenraum
- **Material:** Tücher; CDs mit unterschiedlicher Musik: J.S. Bach (Toccata und Fuge d-Moll BWV 565), Beatles (z.B. "Help", "Penny Lane"), Brecker Brothers (z.B. "Score"); Bon Jovi (z.B. "Summertime"); Papier und Farbe: Buntstifte, Filzstifte, Wachsmaler, Wasserfarben...

Vorbereitung: Stellen Sie auf einer CD oder Cassette die Musikstücke zusammen, die Sie den Kindern vorspielen wollen.

Johann Sebastian **Bach** (1685-1750) lebte im Barock-Zeitalter. Zu dieser Zeit gab es sehr viele Ornamente und Schmuckelemente wie Golddverzierungen in Kirchen. Auch viele Stücke Bachs sind geprägt von Verzierungen und üppigen Orgelklängen. Ein Beispiel für ein Orgelstück ist die Toccata und Fuge d-Moll, die Bach Anfang des 18. Jahrhunderts schrieb.

Die **Beatles** waren eine britische Pop-Band und spielten von 1962 bis 1970. Sie waren sehr erfolgreich, und ihre Stücke werden gern auch von anderen Musikern gesungen oder gespielt. Die vorgeschlagenen Titel gehören zu den harmonischsten Stücken der Beatles.

Die **Brecker Brothers** waren eine Jazz-Gruppe um die Brüder Michael und Randy Brecker. Die Band spielte in den 70er und den 90er Jahren des 20. Jahrhunderts. Die Musik auf der hier gewählten CD beschreibt mittels der Instrumentalmusik Bilder und Stimmungen.

Die Band **Bon Jovi** um den Musiker Jon Bon Jovi spielt vor allem Hard Rock. Sie ist seit 1984 mit viel Erfolg musikalisch aktiv. Der Titel "Summertime" ist ein schnelles, aber nicht zu krachiges Stück.

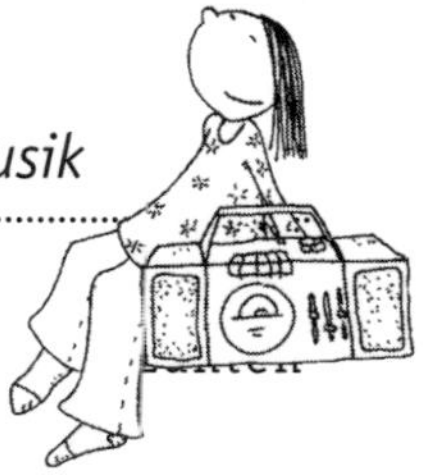

Die Kinder setzen sich im Turnraum auf die Tücher. Erzählen Sie ihnen eine kleine Geschichte:

Vor vielen, vielen Jahren lebte einmal ein Kind namens Tibbi in unserem Land. Damals gab es noch keine Autos und Flugzeuge, keine Computer und auch keine Kindergärten. Bevor Tibbi in die Schule kam, war ihr daher oft langweilig, und sie schlich sich in die Kirche. Denn dort übte der Musikus am Ort oft auf der Orgel. Tibbi liebte besonders das folgende Stück: (Spielen Sie jetzt die Toccata d-Moll von der CD). Wie würdet ihr zu dieser Musik tanzen? (Spielen Sie das Stück noch einmal vor; diesmal können sich die Kinder frei dazu bewegen - mit oder ohne Tuch. Dann setzen die Kinder sich wieder). Das war also Tibbis Lieblingsstück. Viele, viele Jahre später wohnte in der gleichen Stadt Tibbis Urururur...enkel, der Mike hieß. Auch er liebte Musik, aber inzwischen gab es schon Radio, und so konnte er im Wohnzimmer seiner Eltern Musik hören. Sein absolutes Lieblingsstück war dieses: (Jetzt das Beatles-Lied abspielen). Er konnte schon mitsingen, so oft hatte er es gehört! Wir hören es gleich auch noch einmal, und ihr könnt wieder tanzen. (Lied spielen). Später, als Mike schon groß war, hörte er immer noch gern Musik, und seine Kinder auch. Sein Sohn Lukas mochte das hier sehr: (Jetzt "Score" von den Brecker Brothers oder ein anderes melodisches Jazz-Stück anspielen). Lukas und ich waren zusammen in der Schule; daher weiß ich, dass er das Stück oft hörte und auch dazu tanzte. So wie ihr jetzt? (Letztes Stück wiederholen). Ich habe hier aber noch was ganz anderes, das mag Tabea, die Freundin von Lukas; hört mal! (ein Hard Rock-Stück von Bon Jovi spielen; die Kinder können weiter tanzen oder einfach zuhören). Puuh, jetzt erst mal eine Pause!

Wie empfanden die Kinder die verschiedenen Musikstücke? Die Kinder können in ihren eigenen Worten und in Ruhe von ihren Gefühlen erzählen. An was haben sie beim Musikhören gedacht?

Spielen Sie nun die Lieblingsstücke von Tibbi, Mike, Lukas und Tabea kurz an. Die Kinder suchen sich ein Stück aus, das ihnen am besten gefallen hat. Teilen Sie die Kinder in Gruppen ein: Wer Tibbis Stück (Bach) am liebsten mochte, kommt in Gruppe 1, Mikes Stück (Beatles) Gruppe 2 usw. Jede Gruppe geht – wenn möglich – in einen eigenen Raum. Die Kinder können nun zu "ihrem" Stück malen und sich die Materialien dazu frei auswählen. Auch der Malstil ist frei: Die Kinder müssen keine Tiere oder Häuser malen; sie können sich auch nicht-gegenständlich ausdrücken und malen, was sie wollen. Lassen Sie die Musik während des Malens wiederholt laufen. Wenn alle Gruppen mit ihren Bildern fertig sind, kommen die Kinder wieder zusammen. Machen Sie eine kleine Ausstellung der Bilder: Jedes Bild wird gut sichtbar an die Wand gehängt oder auf dem Boden ausgelegt. Die Kinder erklären sich gegenseitig ihre Interpretation der Musik und werden staunen, wie unterschiedlich die Bilder – je nach Musikrichtung – ausgefallen sind!

Gute-Laune-Musik zum Selbermachen

- **Bildungsbereich:** Ästhetisch-kreative Bildung; Sozial-emotionale Bildung; Wahrnehmung und Bewegung
- **Alter:** ab 5
- **Anzahl:** alle
- **Ort:** Turnraum und Gruppenraum
- **Material:** bunte große Tücher, Luftballons, Bälle; tragbare Rhythmus-Instrumente, z.B. Rasseln, Zimbeln, Tamburin, Trommeln, Guiro, Schellenstab, Klanghölzer

Teilen Sie die Kinder in zwei Gruppen. In der einen Gruppe sind die Tänzer, in der anderen die Musiker. Je ein Tänzer-Kind und ein Musiker-Kind stellen sich zusammen; sie bleiben während der Musik zusammen. Jedes Musiker-Kind nimmt sich ein Musikinstrument, jedes Tanzkind ein Tuch und einen Ball oder Luftballon. Der Luftballon oder Ball kommt unter den Pulli oder das T-Shirt. Das erste Paar beginnt zu diesem Vers zu spielen und zu tanzen (sprechen Sie den Text und klatschen Sie dazu in die Hände):

1. Erst kommt ein kleiner Musiker,
der spielt mit seiner Dings-Da-da.
Dann kommt ein kleiner Tänzer auch,
der klopft sich auf den dicken Bauch!

2. Oh seht, da ist das nächste Paar!
Mit ratsch-ratsch und mit hoppsassa,

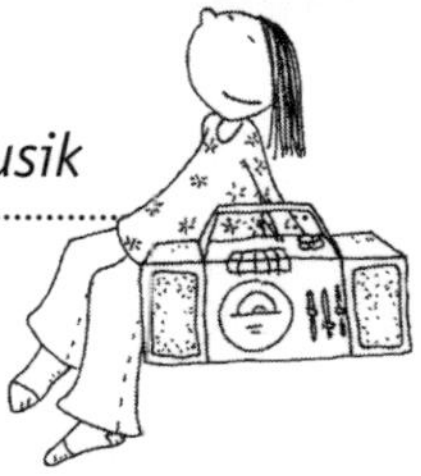

so hüpfen sie hier durch den Raum,
so schnell – man sieht sie kaum!

3. Jetzt kommt ein kleiner Musiker,
der spielt mit seiner Dings-Da-da.
Dann kommt ein kleiner Tänzer auch,
der klopft sich auf den dicken Bauch!

4. Oh seht,... (wie 2.)

Wiederholen Sie die 3. und 4. Strophe, bis alle Kinder auf der "Tanzfläche" sind. Wenn sie es schaffen, sprechen die Kinder den Text mit, und die Tänzer klopfen sich an der entsprechenden Stelle auf den Bauch. Die Musiker-Kinder versuchen, Ihren Sprechrhythmus beim Spielen einzuhalten.
Nun trennen sich die Paare, die Musiker spielen wild drauf los und die Tänzer testen, wie robust ihre "Bäuche" sind...

Variante: Nach dem ersten Austoben wird getauscht, und die Musiker-Kinder bekommen die Bälle und (evt. neue) Luftballons. Die bisherigen Tänzer-Kinder suchen sich ein Instrument aus. Die neuen Tänzer-Kinder nehmen auch die Tücher, decken sich damit zu und machen sich ganz klein. Während Sie wieder den Text sprechen, fängt der erste Musiker an zu spielen. Damit weckt er "seinen" Tänzer auf, der langsam aufsteht und zu tanzen anfängt. Dann fängt der zweite Musiker an zu spielen usw. Schließlich tanzen die Tänzerkinder durcheinander, mit Tuch oder Ball oder beidem, während die Musiker um sie herumlaufen.

Ein Hör-Gang durch die Ausstellung

- **Bildungsbereich:** Ästhetisch-kreative Bildung; Sprachliche Bildung
- **Alter:** ab 5
- **Anzahl:** 10 -12
- **Ort:** drinnen
- **Material:** Decken oder Matten, CD mit "Bilder einer Ausstellung" von Modest Mussorgski (in der Orchesterfassung von M. Ravel), Abbildungen der Bilder von V. Hartmann; evt. CD/ Cassette mit weiteren Musik-

stücken: "Das Aquarium" aus dem "Karneval der Tiere" von Camille Saint-Saëns; " Blumenwalzer" aus der "Nussknacker-Suite" von Peter I. Tschaikowski; "Gewitterszene" aus dem "Barbier von Sevilla" von Gioacchino Rossini

In der Rubrik "Material" finden Sie verschiedene Beispiele für bildhafte Musik. Am besten hören Sie sich die Musik an und wählen dann die Stücke aus, die Ihnen geeignet erscheinen. Im folgenden Text wird beispielhaft auf einige "Bilder einer Ausstellung" von Mussorgski eingegangen; die Methode können Sie aber genauso für die anderen Musikstücke verwenden.

Der russische Komponist Modest **Mussorgski** lebte von 1839 bis 1881. Er komponierte die "Bilder einer Ausstellung" für das Klavier, nachdem er Bilder seines Freundes Victor Hartmann gesehen hatte. Er hatte sich die Bilder kurz nach dem Tod des Malers Hartmann angeschaut.
Dem französischen Komponisten Maurice **Ravel** (1875-1937) gefielen die "Bilder einer Ausstellung" so gut, dass er dafür eine Orchesterfassung schrieb, die die Bilder noch besser beschreibt.

Musik nach Bildern komponieren – das machte unter anderem Modest Mussorgski, der die Bilder seines Freundes Viktor Hartmann vertonte. Die Kinder sollen natürlich nicht beim ersten Hören erkennen, was Mussorgski gesehen hat, sondern sich auf das Hören einlassen. Nach dem Hören können sie ihre ganz eigenen Ideen ausdrücken. Wichtig für die Kinder ist nur, dass der Komponist die Bilder vor sich hatte, als er sich die Musik ausgedacht hat.

Die Kinder verteilen sich auf die Decken oder Matten und legen sich hin. Sie werden leise, dann still und schließen die Augen. Spielen Sie nun zwei Stücke aus der Orchesterfassung der "Bilder einer Ausstellung" vor, z.B. die erste "Promenade" und "Tuilerien". Nach dem Hören öffnen die Kinder wieder die Augen und setzen sich auf. Welche Gedanken hatten sie beim Hören der Musik? Welche "Bilder" haben sie gesehen? Auch eine pantomimische Darstellung der Sinneseindrücke zur Musik ist für alle interessant! Für den zweiten Durchgang legen sich die Kinder wieder auf die Matten

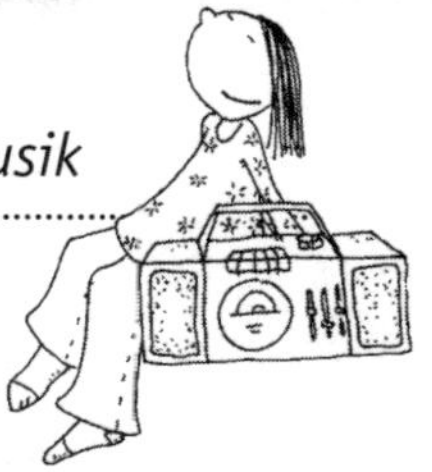

und werden wieder ruhig. Sie schließen die Augen und werden still. Beginnen Sie mit einer weiteren "Promenade", dann spielen Sie z.B. das "Ballett der Küken in ihren Eierschalen" und eine weitere "Promenade". Fällt den Kindern an diesem sich wiederholenden Stück etwas auf? Was haben sie sich bei den "Küken" vorgestellt? Können sie es vormachen, pantomimisch darstellen? Welche Stimmung drückt sich in den gehörten Musikstücken nach Ansicht der Kinder aus?

Spielen Sie nun eine weitere "Promenade", dann "Die Hütte der Baba-Yaga"; diesmal können die Kinder sich direkt dazu bewegen. Was war das wohl?!

Zum Schluss können Sie den Kindern die Bilder von V. Hartmann zeigen, die Mussorgski als Vorlage gedient haben. Die Kinder sollten nun nicht das Gefühl bekommen, sie hätten "falsch" geraten – jeder Mensch hört Musik anders; umgekehrt hätte ein anderer Komponist sicher ganz andere Musik zu den Bildern geschrieben.

Tipp: Auch bei diesem Angebot können die Kinder zur Musik malen (bevor sie die Originale sehen).

ZOO FEST
heute

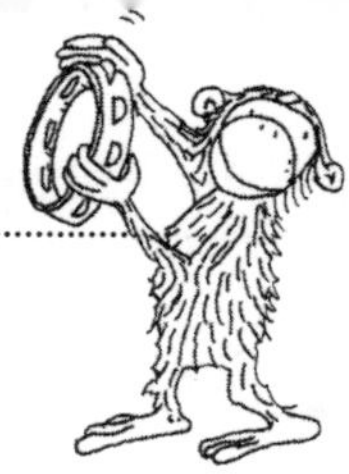

Unser Zoo feiert mit Musik

Wie die Tiere klingen

Tiere faszinieren Kinder: Tiere können nicht sprechen, und so kann der Mensch ihnen alles Mögliche in den "Mund" legen. Kinder können mit Tieren außerdem ihre Gefühle gut ausdrücken. Und wer möchte nicht einmal so groß und stark wie ein Elefant oder so wild wie ein Löwe sein?
In diesem Mini-Projekt erfinden die Kinder ihren eigenen Zoo und werden gleich auch zu dessen Bewohnern – jedes Kind sucht sich ein Tier aus, das es im Schattenspiel darstellen möchte. Das kann ein echtes Tier sein oder ein Fantasiegeschöpf. Die Kinder stellen das Tier auf dem Papier, mit Bewegungen zu Musik und mit Klängen dar. Nach einer Auflockerung durch das Zoo-Lied wird der Zoo für Besucher geöffnet!
Sie können die kleine Aufführung (Zoo-Besuch) mit den älteren Kindern einer Gruppe einüben und in der Gruppe durchführen.
Die einzelnen Angebote bauen aufeinander auf und sollten daher hintereinander umgesetzt werden.

Ziele

- Versetzen in ein anderes Lebewesen
- Erfahren der eigenen Stimme als Instrument
- Bewegung zu Musik
- Koordination von Stimme und Bewegung zu Musik
- Kennen lernen und Singen eines neuen Liedes
- Gemeinsames Spielen auch vor Publikum

Methoden

- Hören von Musik
- Rollenspiel
- Schattenspiel
- Klangspiel
- Gemeinsames Singen

Die Tiere in unserem Zoo

- **Bildungsbereich:** Sozial-emotionale Bildung; Natur, Lebenswelt und Technik; Sprachliche Bildung
- **Alter:** ab 5
- **Anzahl:** 8 - 12
- **Ort:** drinnen
- **Material:** Papier und Stifte, Bilderbücher mit Tieren, große weißes Tuch (z.B. Bettlaken), stark leuchtende Lampe, Seil, CD "Der Karneval der Tiere" (ohne Erzähler) von Camille Saint-Saëns, CD-Spieler

Vorbereitung: An den Ecken des Tuchs/ Lakens wird je ein langes Stück Seil verknotet. Mit den anderen Enden der Seilstücke wird das Laken so im Raum befestigt, dass auf der einen Seite Platz für die Zuschauer ist, auf der anderen Seite Platz für die Tiere und - ca. 1,5 bis 2 Meter hinter der "Leinwand" - die Lampe.

Die Kinder überlegen, wie ihr eigener, Zoo für sie aussehen sollte - welche Tiere hätten sie gern in ihrem Zoo? Was gibt es sonst noch in diesem Zoo: Bäume? Spielplatz? Tierpfleger? Dürfen hier die Tiere gestreichelt werden? Sicher fällt den Kindern noch einiges ein, was ihren Zoo so besonders macht. Auch wäre ein eigener Name für den Zoo toll!

Jetzt schauen wir uns die Tiere näher an: Sind es echte Tiere oder Fantasietiere? Wie heißen die ausgedachten Tiere? Die Kinder malen ihre Versionen der Tiere auf. Bei den Fantasietieren wie auch bei den echten Tieren können Sie den Namen der Tiere mit auf das Blatt schreiben.
Welche dieser Tiere – ob real oder ausgedacht – sollten bei einer Feier im Zoo dabei sein? Jedes Kind sucht sich ein Tier aus, das es darstellen möchte. Wie sich diese Tiere wohl bewegen? Das probieren die Kinder gleich einmal aus: Ein Kind geht zwischen Lampe und Leinwand, die anderen Kinder setzen sich auf die Zuschauerseite der "Leinwand". Das erste Tier bewegt sich nun zwischen Leinwand und Lampe so, dass der ganze Körper auf der Leinwand zu sehen ist. Es läuft hinter der Leinwand hin und her. Es hüpft, krabbelt, trampelt, schleicht, geht gerade oder gebückt, schlenkert mit den Armen ... Dieses Tier-Kind sieht auch selbst seinen Schatten. So kann es seinen Gang ändern und sofort sehen, wie das wirkt – eine spannende Erfahrung!

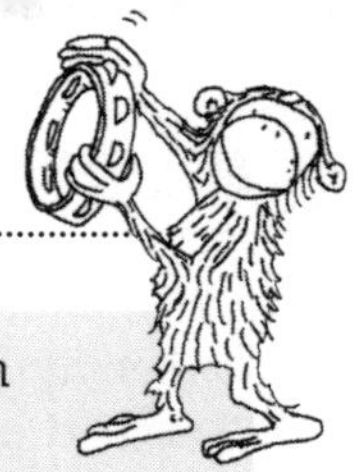

Der Komponist Camille **Saint-Saëns** (1835-1921) war ähnlich wie Mozart ein sehr begabtes Kind: Mit 3 Jahren konnte er schon lesen, seine ersten Stücke komponierte er mit 6 Jahren. Das Orchesterwerk "Der Karneval der Tiere" schrieb er 1886.

Wenn alle Kinder ihren Leinwand-Gang gemacht haben, lassen Sie die Musik dazu laufen: Der "Karneval der Tiere" ist nicht lang, so können Sie die Musikstücke (ohne Text) durchlaufen lassen, während die Kinder hintereinander immer wieder ihren Schatten auf der Leinwand erscheinen lassen. Besonders klangvoll sind die Musikstücke mit folgenden Titeln:

- „Königlicher Marsch der Löwen" (majestätisch)
- „Wilde Esel" (sehr schnell)
- „Der Elefant" (langsam und schwungvoll)
- „Das Aquarium" (eher langsam und tänzerisch)
- „Das Vogelhaus" (schnell und leicht)
- „Die Pianisten" (schneller werdend)
- „Die Fossilien" (schnell und schwungvoll)
- „Finale" (schnell und lebhaft)

Die Namen der Musikstücke müssen die Kinder noch nicht kennen; sie könnten sie von ihren eigenen Ideen ablenken. Aber die Kinder haben gehört, ob ein Stück schneller oder langsamer war, ob sie dazu tanzen oder stampfen konnten. Welche Musikstücke fanden sie besonders passend zu ihrem Tier? Wollen sie ihr Tier "ändern", um es einem bestimmten Musikstück anzupassen? Zum Abschluss dieses Teils laufen die Tiere noch einmal zu "ihrer" Musik zwischen Lampe und Leinwand hin und her. Die anderen Kinder warten jeweils auf der Zuschauerseite, bis ihre Musik erklingt.

Wie die Tiere klingen

- **Bildungsbereich:** Ästhetisch-kreative Bildung; Natur, Lebenswelt und Technik
- **Alter:** ab 5
- **Anzahl:** 8 - 10
- **Ort:** drinnen
- **Material:** Leinwand und Lampe, CD/ Cassette mit "Karneval der Tiere" bzw. ausgewählten Stücken daraus

Vorbereitung: Wenn beim ersten Testen mit Musik einige Stücke des "Karneval der Tiere" gar nicht ausgewählt wurden, kopieren Sie nur die verwendeten Musiktitel auf CD/ Cassette, so dass die Kinder ohne Pause laufen können.

So, nun wissen wir, wie die Tiere laufen, aber wie klingen sie? Die Kinder stellen das Tier, das sie darstellen, den anderen Kindern noch einmal vor und lassen es dabei auch erklingen: Vielleicht macht es "I-ah! I-ah!", "Tschiptschipptschipp" oder faucht "Chuaach!" Oder es kreischt ganz hoch wie manche Affen. Es kann sich aber auch an die Brust klopfen wie ein Gorilla oder trompeten wie ein Elefant. Und die Fantasietiere klingen ja ganz anders!
Die Kinder versuchen verschiedene Klänge und werden bald merken, dass zu den Klängen bestimmte Bewegungen passen, andere aber nicht: Kurze Laute passen zu schnellem Hüpfen, langes Trompeten eher nicht. Bringen sie Klang und Bewegung in Einklang? Wenn alle eine Weile probiert haben, können sich die Tiere wieder zwischen Lampe und Leinwand bewegen: Wie finden sie ihre Darstellung jetzt, wo zur Bewegung auch eigene Klänge hinzu gekommen sind?
Lassen Sie leise im Hintergrund die Musik vom "Karneval der Tiere" laufen, während die Kinder sich hinter der Leinwand bewegen. Jedes Kinder-Tier sollte dabei gut zu hören sein!
Die Kinder machen noch einen Durchgang und Sie schreiben auf, in welcher Reihenfolge die Tiere erscheinen – gelten die Namen von den ersten Bildern der Kinder noch? Wenn nicht, schreiben Sie die neuen Namen auf. So können die Kinder eine Reihenfolge einüben.

Heute geh ich mit dir in den Zoo!

- **Bildungsbereich:** Sozial-emotionale Bildung; Sprachliche Bildung
- **Alter:** ab 5
- **Anzahl:** 8 - 12
- **Ort:** drinnen
- **Material:** Liednoten und -text

Zur Abwechslung und als Vorbereitung für das Finale des Besuchstages können die Kinder ein Zoo-Lied lernen, bei dem sie selber Besucher im Zoo sind.

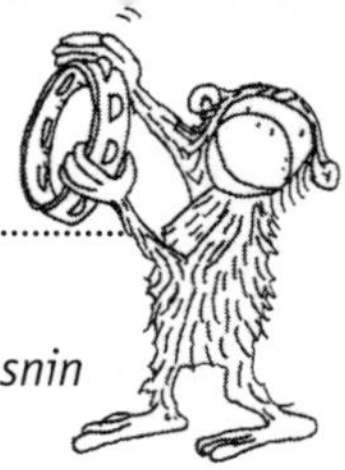

Heute geh ich mit dir in den Zoo

Sabine Drasnin

1. *Heute geh ich mit dir in den Zoo.*
   Und da bin ich richtig, richtig froh!
   Denn da seh'n wir Tiger und Giraffen,
   Löwen, Bären, Wölfe und auch Affen.
   Zoo, Zoo, ich bin froh.

2. *Schau da sind die großen Elefanten!*
   Oh, wo sind denn bloß die beiden Tanten,
   die mit uns zum Zoo gefahren sind?
   Komm, wir suchen sie jetzt ganz geschwind!
   Elefanten, keine Tanten!

3. *Geh'n wir zu den Vögeln weiter unten.*
   Meine Tanten lieben ja die bunten
   Papageien, Aras und Flamingos –
   Mensch, der Vogel da ist aber sehr groß!
   Flamingos, riesengroß.

4. *Sieh, da sind ja auch die beiden Tanten!*
   Gut, dass wir sie schnell zusammen fanden.
   Mit 'nem Freund, da wär' mir gar nicht bange,
   suchten wir die Tanten noch so lange.
   Freund macht Mut, das tut gut!

Jeder Zoo braucht Besucher

- **Bildungsbereich:** Ästhetisch-kreative Bildung
- **Alter:** ab 5
- **Anzahl:** 8 - 12
- **Ort:** drinnen
- **Material:** für Einladungskarten z.B. dünner Karton, Wachsmalstifte, evt. schwarze Plakat-Farbe, Wachsmal-Kratzer, Papier

So ein Zoo ist ja schön – aber ohne Besucher ...? Also laden Sie mit den Kindern zusammen Besucher ein! Suchen Sie einen Termin aus, zu dem der Zoo geöffnet haben soll, und schreiben Sie eine Einladung an die Eltern im DIN-A5-Format. Die Aufführung kann am Ende eines Kindertagesstätte-Vormittags stattfinden, wenn die meisten Eltern zum Abholen ihrer Kinder kommen.
Schreiben Sie den Namen des Zoos (den die Kinder ja selbst bestimmt haben) in Druckbuchstaben auf ein Extra-Blatt. Die Kinder gestalten die Karten, in die je eine Kopie der Einladung eingeklebt wird. Schöne Effekte können sie z.B. mit der Wachskratztechnik oder mit Zuckerkreide aus dunklem Karton erzielen. Am besten kratzen oder malen sie ihr Tier auf die Karten. An den Rand der Karte kratzen oder malen sie nach Ihrer Vorlage den Namen des Zoos ein. Wenn die Einladungen fertig sind, können die Kinder noch ein Plakat malen, das sie in Ihrer Einrichtung aufhängen.

Was gehört denn noch zu einem Zoobesuch? Etwas zu naschen wäre gut! Möglichst nah am Tierfutter sollte das sein ... Die Gäste könnten zu ihrem Zoobesuch also geschnittene Rohkost, Erdnüsse und Obst mit bringen. Was mögen denn die Fantasietiere besonders? Auf eine Liste können Sie die Speisewünsche der Tiere aufschreiben und die Eltern bitten, für das Futter der Tiere beim Zoobesuch zu sorgen.

Noch eine Überlegung zum Besuchstag: Die Besucher werden ja nicht alle Tiere kennen. Also wäre es gut, wenn jemand sie ansagen würde! Der Zoodirektor ist dafür der richtige Mensch.
Damit keines der Kinder seine Tier-Eigenschaft aufgeben muss, können Sie den Direktor bzw. die Direktorin spielen.

Jetzt feiert unser Zoo!

- **Bildungsbereich:** Ästhetisch-kreative Bildung; Sozial-emotionale Bildung; Wahrnehmung und Bewegung
- **Alter:** ab 5
- **Anzahl:** 8 - 12
- **Ort:** drinnen
- **Material:** Leinwand und Lampe, dunkle Decke, CD/ Cassette mit "Karneval der Tiere" bzw. ausgewählten Stücken daraus

Vorbereitung: Leinwand und Lampe so platzieren, dass Raum für ein Publikum bleibt. Neben die Leinwand eine dunkle Decke hängen, damit das Publikum die Tiere nicht vor dem Schattenspiel sieht. Für die Gäste Stühle und Bänke bereitstellen. CD vorbereiten, Tisch bereit stellen für das Tierfutter und Getränke.

Nun ist der Besuchstag da! Die Tiere halten sich hinter der dunklen Decke bereit in der eingeübten Reihenfolge. Das Publikum ist fertig? Prima! Die Direktorin tritt auf, begrüßt das Publikum und schaltet die Musik ein. Dazu kündigt sie das erste Tier an, und los geht's! Die Tiere bewegen sich zur Musik und lassen ihre eigenen Laute hören, und das Publikum staunt... Wenn alle Tiere sich als Schattenbild gezeigt haben, werden sie schnell selbst zu Zoobesuchern und singen vor der Leinwand (die Lampe ist aus) das Lied „Heute geh' ich mit dir in den Zoo".
Schließlich ist Fütterungszeit – Tiere und Besucher dürfen kräftig zugreifen! Dazu könnte wieder die CD-Musik im Hintergrund laufen.

An einem der folgenden Tage hören Sie mit den Kindern noch einmal den „Karneval der Tiere". Sagen Sie den Kindern diesmal die Titel, die Saint-Saëns den Musikstücken gegeben hat. Auch hier gilt: Musik nimmt jeder anders wahr, und jede Vorstellung, die wir beim Hören einer Musik entwickeln, ist gleich viel wert. Falsch und richtig gibt es hier nicht.

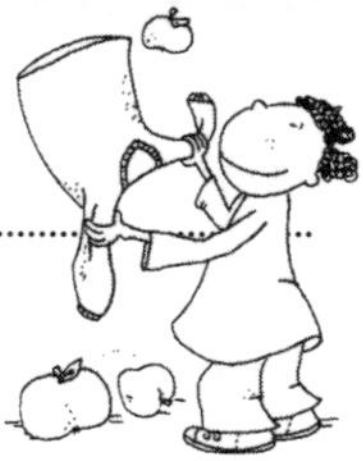

Drinnen und draußen

Vor dem Haus steht ein Baum

Musik beschäftigt sich mit Menschen und Tieren, mit Jahreszeiten und dem Wetter, mit Freunden und Verwandten. Und um all diese Elemente geht es in diesem Kapitel! Beim Mitmach-Lied „Vor dem Haus steht ein Baum" geht es um ein ungeduldiges Kind, das so gern nach draußen möchte. Dann kann bei Sonne die Sonnenscheibe gefangen werden, während bei Regen der Kita-Rap entsteht.

Ziele

- ❍ Koordination von Sprache und Bewegung
- ❍ Lernen von Liedern
- ❍ Gemeinsam singen und spielen
- ❍ Umsetzung von Text in Bewegung (Pantomime)
- ❍ Koordination von Gesang und Bewegung
- ❍ Einfühlen in andere Menschen

Methoden

- Singen pantomimisch begleiten
- Gemeinsames Singen
- Malen
- Bewegung zu Musik
- Äußerung spontaner Gedanken zu einem Thema
- Experimentieren mit Sprache
- Rhythmische Begleitung des Sprechens

Mitmach-Lied: Vor dem Haus steht ein Baum

- **Bildungsbereich:** Ästhetisch-kreative Bildung; Natur, Lebenswelt und Technik
- **Alter:** ab 5
- **Anzahl:** ca. 10
- **Material:** Pappschachteln und kleine Dosen
- **Ort:** drinnen oder draußen

Ein Mitmach-Lied: Der Text kann leicht pantomimisch unterstützt werden. Je schneller das Lied zu folgender Melodie gesungen wird, desto lustiger wird es!

Spielvarianten:
1. Alle Kinder machen alle Bewegungen.
2. Die Kinder teilen sich in drei Gruppen: Eine Gruppe spielt das Kind, eine die Freundin, die dritte die Mutter.

Vor dem Haus, da steht ein Baum.	großen Baum mit Händen zeigen
Auf dem Ast - man sieht es kaum -	Hand über die Augen zum Weit-Schauen
sitzt du lachend, winkst mir zu.	winken
„He", sagt Mutter, „nur die Ruh!"	Stopp-Handbewegung
„Zieh mal deine Jacke an,	Jacke-Anziehen-Pantomime
sind da keine Knöpfe dran?!"	entsetzt auf Jacke schauen
Dann die Jacke wieder aus,	Jacke-Ausziehen-Pantomime
so komm ich doch nie hier raus!	Arme verzweifelt hochwerfen
„Zieh halt den Pullover an	Pullover hochhalten
mit den hübschen Bommeln dran!"	Pullover anbieten (Arme vorstrecken)
Bommel-Pulli? Muss das sein?	Pullover abwehren
Ich schlüpf in den Pulli rein.	Pullover-Anziehen-Pantomime

„Nun die Stiefel", sagt Mama,	auf die Füße zeigen
„passen doch noch echt prima!"	mit den Füßen stampfen
Und du sitzt da, und du lachst,	lachen
gut, dass du noch Witze machst!	nicken
„Deine Freundin wartet ja!",	nach "draußen" zeigen
sagt die Mutter, sieht mein Haar:	Haare raufen
„Schnell noch bürsten; schau mal an,	Bürsten-Pantomime
was man alles schaffen kann!"	Arme in die Seiten stemmen
„Nicht zu lange draußen sein!	auf Handgelenk zeigen
Wenn dir kalt ist, kommst du rein!"	Frieren pantomimisch darstellen
Und du sitzt da auf dem Ast,	nach "draußen" zeigen
schwingst die Arme, wie's dir passt.	Arme schwingen
"So, nun könnt ihr spielen geh'n",	mit beiden Händen nach draußen zeigen
sagt die Mutter - das ist schön!	erleichtert seufzen
Laufen wir zum Spielplatz dort?	gehen
Das ist unser Lieblingsort.	nicken
Schaukeln, klettern, Sandburg bau'n,	klettern
nach den andren Freunden schau'n.	Hand über die Augen zum Weit-Schauen
Sieh, ein Käfer, klitzeklein!	zeigen
Wo mag sein Zuhause sein?	fragend Hände nach oben drehen
Da kommt deine Mutter, sieh!	winken
Sie summt eine Melodie:	hören (Hand hinter das Ohr)
"Hm hm hm hm hmhm hmmm,	tänzeln
Hm hm hm hm hmhm hmmm!"	zusammen tanzen
Hm hm hm hm hmhm hmmm,	... weiter tanzen!
hm hm hm hm hmhm hmmm!	
Hm hm hm hm hmhm hmmm,	
hm hm hm hm hmhm hmmm!	

Der Sonne entgegen

- **Bildungsbereich:** Ästhetisch-kreative Bildung; Sprachliche Bildung
- **Alter:** ab 5
- **Anzahl:** 6 - 8
- **Material:** große Pappescheibe, Wasser- oder Plakatfarbe
- **Ort:** draußen (bei Sonnenschein)

Vorbereitung: Die Kinder überlegen, welche Farben wohl die Sonne hat. Dann malen sie die Pappscheibe von beiden Seiten in diesen Sonnenfarben an. So erhalten sie eine Sonnenscheibe.

Die Sonne scheint so schön, da soll sie auch eine Weile bleiben! Dazu fangen die Kinder die Sonnenstrahlen mit der Sonnenscheibe ein und singen ein Lied für die Sonne. Das geht so: Ein Kind nimmt die Sonnenscheibe in die Hand und hält sie hoch. So lassen sich schon mal einige Sonnenstrahlen einfangen! Das Sonnenfänger-Kind geht los, die anderen Kinder folgen in einer Schlange. Zur Melodie von "Alle meine Entchen" singen alle:

Sonne, liebe Sonne,
bist so groß und hell,
bist so groß und hell,
das ist eine Wonne.
Geh bloß nicht so schnell!

Bei "schnell" rennt das Sonnenfänger-Kind los, die anderen versuchen es zu fangen. Wer als erstes das Sonnenfänger-Kind erwischt, bekommt die Sonnenscheibe. Und wieder wird gesungen: *Sonne, liebe Sonne ...*

Unser Kita-Rap

- **Bildungsbereich:** Sprachliche Bildung
- **Alter:** ab 5
- **Anzahl:** 8 - 10
- **Ort:** drinnen
- **Material:** Papier und Stift, Rhythmusinstrumente

Musik besteht aus Rhythmus, Tonhöhe (Melodie), Lautstärke; gesungene Musik dazu noch aus Worten. Die Worte – der Text – folgen dem Rhythmus der Musik. Das lässt sich auch umdrehen: Der Rhythmus folgt dem Text, und schon sind wir beim Rap.

Setzen Sie sich mit den Kindern auf ein Sofa oder den Boden, so dass die Sitzordnung nicht formal (wie z.B. im Stuhlkreis) ist. Die Kinder können jetzt einfach drauf los reden, solange sie diese Frage beantworten: Was fällt den Kindern spontan zu ihrer Kindertagesstätte ein? – Das können Dinge (z.B. Spielzeug) sein, aber auch Regeln, Rituale oder andere Gedanken, die Nichtgegenständliches beschreiben. Wie lassen sich die Gedanken in wenige Worte (keine ganzen Sätze) fassen? Die Kinder "diktieren" Ihnen die Worte, die Sie auf einen Zettel schreiben. Lesen Sie immer wieder vor, was schon da steht. So entsteht ein spannender und vielleicht nicht immer sinnvoller Text über die Einrichtung aus Sicht der Kinder.
Im nächsten Schritt lesen Sie den Text ohne Pause vor: Reihen Sie einfach alles aneinander! Der Text könnte z.B. so lauten: *"Morgens Frühstück, Stuhlkreis, Auto spielen, singen, Puppenküche, Puzzle machen, Bauteppich, Sandkasten ..."* Betonen Sie alles möglichst gleich und lesen Sie den Text ein paar Mal vor. Da können die Kinder bald auch mit machen, oder? Auf jeden Fall können sie Sie mit den Rhythmusinstrumenten begeleiten. Dabei wird z.B. jede 2. Silbe durch ein Rasseln oder Anschlagen betont – wenn Sie den Text in diesem Rhythmus vorsprechen und bei den betonten Silben stark mit dem Kopf nicken, klingt der Text wieder ganz anders, da einigen Wörtern die korrekte Betonung abhanden gekommen ist.
Je besser die Kinder den Text selbst auswendig sprechen können, desto mehr können sie auch mit dem Rhythmus experimentieren. Aus Aufsagen wird Sprechgesang und dann ihr Kita-Rap. Schließlich können sie den Rap den anderen Kindern und Erziehrinnen in der Einrichtung vortragen.

Zum Weiterlesen und Weiterhören

Albrecht, Gerd: **Musikinstrumente und wie man sie spielt.** Ein Führer durch das Orchester für kleine und große Leute (+ CD mit Klangbeispielen und Ausschnitten aus Originalwerken)
Schott Atlantis Musikbuch: Mainz 3. Aufl. (2003)

Beck-Neckermann, Johannes; **Handbuch der musikalischen Früherziehung;**
Herder: Freiburg 4. Aufl. (2002)

Hoyer, Andrea: **Im Konzert** (Gebundene Ausgabe)
Schott Music: Mainz 4. Aufl. (2000)

Hoyer, Andrea: **In der Oper**
Schott Music: Mainz 4. Aufl. (1998)

Kreusch-Javob, Dorothée: **Klangwerkstatt.** Miteinander Instrumente bauen und Musik machen
Don Bosco: München 3. Aufl. (2005)

Kuskin, Karla/ Simont, Marc: **Das Orchester zieht sich an** (Gebundene Ausgabe)
Hanser: München (2002)

Müller, Elmar: **Das Trommel-ErlebnisBuch.** Klangeschichten und Rhythmusexperimente
Don Bosco: München 3. Aufl. (2007)

Rettich, Margret und Rolf: **Ein Haus voll Musik**
Schott Music: Mainz 4. Aufl. (2001)

Simsa, Marko und Opgenoorth, Winfried: **Tina und das Orchester.** Mein erstes Buch über die Musikinstrumente. Mit CD. (Gebundene Ausgabe)
Betz: Wien (1999)